みんなの家、その先へ ｜ 伊東豊雄 編

HOME-FOR-ALL and Beyond / Toyo Ito

LIXIL出版

第1章 みんなの家、その先へ …005
「建築」を問い直す小さな家
伊東豊雄

第2章 みんなの家とは何か …013
公共建築としてのみんなの家とは何か
伊東豊雄 × 山本理顕 × 妹島和世

第3章 みんなの家、東北から …025
コラム　平田晃久 …074　大西麻貴 …076

第4章 みんなの家、熊本で …079
コラム　曽我部昌史 …132　岡野道子 …134

第5章 みんなの家とくまもとアートポリス …137
熊本から、発展するみんなの家へ
蒲島郁夫

建築データ …145

★ 阿蘇のみんなの家（高田地区、池尻・東池尻地区）…080
● 熊本のみんなの家〈規格型（集会所タイプ、談話室タイプ）〉…083
❶ 甲佐町白旗のみんなの家（集会所）…086
❷ 南阿蘇村陽ノ丘のみんなの家（集会所）…089
❸ 西原村小森第2のみんなの家（集会所）…092
❹ 西原村小森第3のみんなの家（集会所）…095
❺ 西原村小森第4のみんなの家（集会所）…098
❻ 益城町木山のみんなの家（集会所A）…101
❼ 益城町小池島田のみんなの家（集会所）…104
❽ 益城町テクノのみんなの家（集会所B2）…107
❾ 美里町くすのき平のみんなの家 …110
❿ 御船町玉虫のみんなの家 …113
⓫ 御船町甘木のみんなの家 …116
⓬ 宇城市御領のみんなの家 …119
⓭ 宇城市曲野長谷川のみんなの家 …122
⓮ 熊本市さんさん2丁目のみんなの家 …125
⓯ 阿蘇市内牧のみんなの家 …128

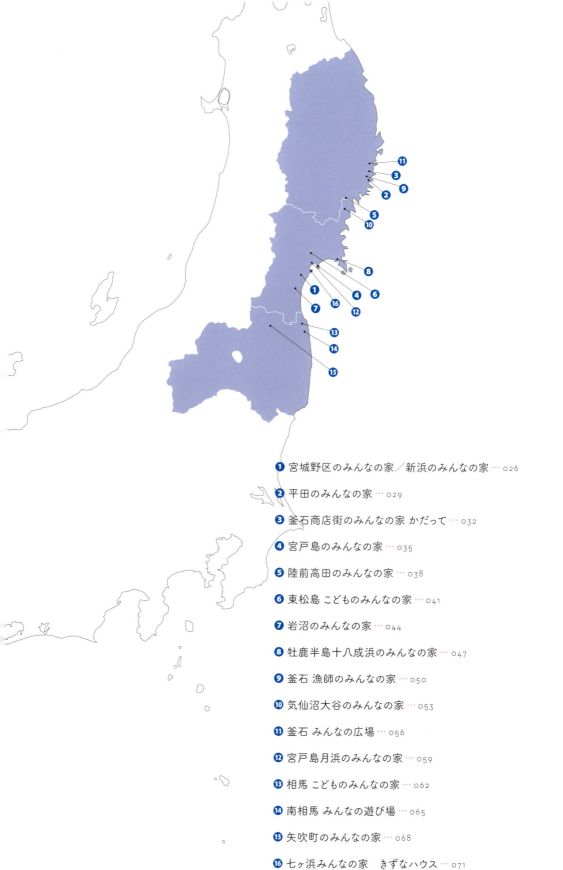

❶ 宮城野区のみんなの家／新浜のみんなの家 …026

❷ 平田のみんなの家 …029

❸ 釜石商店街のみんなの家 かだって …032

❹ 宮戸島のみんなの家 …035

❺ 陸前高田のみんなの家 …038

❻ 東松島 こどものみんなの家 …041

❼ 岩沼のみんなの家 …044

❽ 牡鹿半島十八成浜のみんなの家 …047

❾ 釜石 漁師のみんなの家 …050

❿ 気仙沼大谷のみんなの家 …053

⓫ 釜石 みんなの広場 …056

⓬ 宮戸島月浜のみんなの家 …059

⓭ 相馬 こどものみんなの家 …062

⓮ 南相馬 みんなの遊び場 …065

⓯ 矢吹町のみんなの家 …068

⓰ 七ヶ浜みんなの家　きずなハウス …071

chapter 1

第 1 章

みんなの家、その先へ

切妻屋根で縁側や土間をもつ、昔ながらの民家を思わせるみんな
の家。東日本大震災の被災者をサポートするためにつくられたこ
の小さな建築は、多くが仮設住宅団地の中にあって、被災した住
民らが互いに支え合うための拠点として活用されている。ただ一
方で完成した当初より、それは建築家の「作品」であるか否か、物
議を醸してもきた。そしてその問いは、いまなお建築家の胸中に
宿り、建築の未来に向けられた課題として存在している。その、
みんなの家のその先とは、何か。

[Interview]

「建築」を問い直す小さな家

伊東豊雄

団らんの場としての「家」

「みんなの家」は、2011年3月11日の東日本大震災、2012年6、7月に熊本阿蘇地方で発生した土砂災害、2016年4月14日および16日に発生した熊本地震において、被災した方々の仮設住宅団地内を中心に提案された、ささやかな憩いの場として誕生しました。現在までに東北に16棟、熊本県内にはおよそ90棟の「みんなの家」が完成しています。

　東日本大震災が発生したとき、私が最初に気にかけたのは「せんだいメディアテーク」のことでした。私と被災地を結びつけるこの建物をきっかけとして、震災後に初めて東北に赴いたのは2011年4月1日。メディアテークの被災の状況を確かめるとともに、被災された方々が身を寄せる避難所にも赴き、体育館のような場所で不自由な暮らしを強いられているみなさんに対し、建築家として何ができるのかを考えたいと思いました。

　多くの建築家は避難所を訪ねて、パーテーションをつくり、最低限のプライバシーを確保したらよいと考えていました。ところが、みなさんに会って話を聞いていると、顔が見え、気軽に声を掛け合える状況に、不自由でありながらも、心強さも感じておられる。このとき、私は、パーテーションをつくるという考え方が、いかに近代主義的であったかに思い当たり、以前、妹島和世さんが避難所の様子をみて、「ここにテーブルを置いて花でも飾ったらいいのではないか」と語っていたことを思い出しました。確かに間仕切りをつくるよりも、そのほうがいくらかみなさんの心が休まる空間をつくることができそうです。ぜひ、そういうものをつくりたいと考えました。

　ところが、それを実現するよりも前にみなさん、避難所を出て、仮設住宅に移り始めます。そこで仮設住宅を訪ねてみると、最低限のプライバシーは保てるけれど、それ以外には何もない、という状態でした。住まわれている方々もずいぶん気落ちされていて、私たちが、ここでの暮らしに何が欠けていて、困っていることは何かと尋ねてみても、あまりに不足しすぎて

いるためか、何も言葉にできないという印象です。それでもしばらくすると、ようやく、近隣の人と話すのも砂利道の上で、家には軒もないため、陽射しも雨もしのぐことができないといった話を聞くことができました。だとすれば、避難所で考えたようなテーブルを最低限の「家」にして、みなさんが気軽に集えるような場所をつくってはどうか、小さなものなら自治体の力を借りることもなく、自分たちの力でお金を集めてくればつくることができるだろう、と考えました。それが「みんなの家」をつくり始めるきっかけです。要するに、それだけのことだったのです。

　ところがいざ始めてみると、「みんなの家」をつくることが、「建築家」という自分の仕事について問い直さざるを得ない問題として返ってくることがわかりました。

「建築」の楽しさ

　建築家は、利用者である施主からの依頼を受けて設計をし、それを、施工事業者をはじめとする多くの方々の協力を得て実現する、という仕事です。その関係性は、個人の住宅や施主がはっきりしている商業建築などの場合は比較的スムーズに動きます。ところが公共建築の場合、施主はダイレクトな利用者ではない自治体であるためか、それがなかなかうまくいきません。自治体と、場合によっては施工事業者とも対峙する、「向かい合う関係」になってしまい、往々にしてスムーズには進まないのです。

　それがなぜなのか、私は常々考えてきました。自治体も建築家も「いいものをつくりたい」という点では同じ意向をもっています。ただ私たち建築家は、常にある種の「理想社会」を問い続けています。とくに公共建築をつくる場合には、これまで問い続けてきた「理想社会」を表現できる設計を行い、それを自身の「作品」と位置付けます。どうやら、その辺りに「向かい合う関係」の理由がありそうです。

　一方、「みんなの家」は「みんなの」という意味において公共性をもったコモンであり、最もプリミティブな公共建築といえます。結果的に、その第1号として私が設計した「仙台市宮城野区のみんなの家」は、切妻屋根で大きな縁側をもち、薪ストーブを据えた、いわば、ごく当たり前な形態の「家」になりました。仮設住宅に暮らすみなさんとの対話を重ね、みなさんが求めている「家」の姿を私なりに解釈し、いわば「普通」の家を設計するに至ったのですが、この間、じつは私にはかなりの逡巡があったのです。

「宮城野区のみんなの家」は、私がコミッショナーを務めている熊本県の事業「くまもとアートポリス」の支援を受けて建設されたこともあり、アートポリスのアドバイザーを務めてくれ

ている熊本大学の桂英昭さん、九州大学の末廣香織さん、神奈川大学の曽我部昌史さんにも意見を聞きながら設計を行いました。その彼らに、私が描いたプランを見せると「こんな（普通の）設計でいいんですか?」と驚かれましたし、事務所のスタッフからも同じようなことを言われます。それで私も「もう少し、自分なりのデザインが必要なのかな……」と考えて、かなり、行ったり来たりしていたのです。ですが最終的には、この「みんなの家」では「作品」というポジションを完全に外してみよう、仮設住宅に暮らしている方々のリクエストをできるだけ入れて、最もシンプルでありながらも、みなさんがいちばん親しみをもっている切妻屋根の家にしようと決心して、第1号の「みんなの家」をつくりました。

　また建築現場には、私の事務所の、大学を出て1、2年という、まだほとんど実際の現場を知らない若いスタッフが駐在し、これを担当しました。彼らはそこで、工事が始まったらあっという間、2カ月くらいで完成してしまうというような、通常の建築を早回しで見ているような現場に立ち会った。しかもこの間には住民のおばあちゃんがお弁当をつくってきてくれたり、おやつをくれたりする。さらに、棟が上がって仕上げの段階には、みんなで一緒に壁を塗ったり、家具を一緒につくったりと、いままでに経験したことのないようなコミュニケーションを体験することにもなったのです。それで彼らは「建築をつくるって、こんなに楽しいことなんですね」と、じつに感慨深く言うわけです。

　そして住民のみなさんも、つくっている間から完成を楽しみにしてくださり、出来上がったときには「こういう場所が欲しかった」と、本当に喜んでくださいました。つまり、「みんなの家」をつくり上げるプロセスでは、常にみんなが「同じ方向を見る」ことができた。向かい合うことなく、建築する行為と受け入れる住民とがまったくひとつになって、ものをつくることができたのです。私自身も、普段の建築をつくるプロセスとはずいぶん違う方法があるものだな、と感じざるを得ませんでした。

「新しさ」を追求すること

「普段のプロセスとは違う」ということは、私にとって、とても大きなことでした。こういうプロセスを、通常の建築にも取り入れることができるのか。組み替えていくことができるのだろうか、むしろ、組み替えていくべきなのではないか。では、どうやったらそれを実現できるのだろうか。そこにあるメリット、デメリットは何か……など、いろいろと考えさせられました。しかしなかなか答えは出ず、それはいまも考え続けています。

　私自身は、やはり建築を考えるときにどうしても「作品」とい

う概念をもってしまうのです。しかし同時に、それは20世紀的な概念ではないか、とも思っています。近代主義のなかでは、建築家として、というよりも芸術家全般に対して「オリジナリティ」や「クリエイティビティ」が要求されるため、それに応えたいという気持ちも強い。するとどうしても「造形」という面にそれが表現されていきます。では「造形」をはずしたところに建築はありうるのか、という問題に突き当たる。そのことをどう考えたらいいのか。自分のなかでも、なかなか結論はでません。

なぜなら、やはり自分の建築において、「新しい」ということには執着があるからです。それは構造であったり、空気循環をどうするかといったテクノロジカルな課題だったりを追求するということがひとつ。また、図書館なら図書館が、劇場なら劇場がもっている「形式」、伝統でもあり、慣習でもある形式をもういちど問い直し、新しいものをつくり出したいという気持ちがあります。従来の形式を重んじるのは、単に、固定観念にとらわれているだけではないのか。利用者が本当に居心地よく、楽しく過ごせる空間であるためには、そこから一歩踏み出す必要があるのではないか。そういうことを、どんな場合にも、常に問い直していきたいのです。ところが、その「新しさ」こそが、主に公共建築の場合、依頼主である自治体とバッティングする理由になっているようです。

翻って「みんなの家」を考えてみると、これは自治体がほとんど関わらない公共建築です。じゃあ、自治体が関わらなかったから、みんなで同じ方向を向いて建築をつくることができたのか。単にそうともいえません。どちらがいい／悪いではなく、その「違い」は、建築および建築家に対する問題提起だと思うからです。

「シンボル性」とは何か

東北の「みんなの家」は、2017年7月に宮城県七ヶ浜町に完成した「七ヶ浜みんなの家 きずなハウス」で16棟を数えました。一方、宮城野区の第1号は仮設住宅が解体された後、そこに暮らしていた方々の多くが移り住まれた宮城野区の新浜地区に2017年4月に移設され、従来どおり、地域の方々に活発に利用され続けています。また、2012年11月に完成した「陸前高田のみんなの家」は現在、土地がさらに嵩上げされるためにいったん解体され、今後、市街地に移設される予定となっています。なお「陸前高田のみんなの家」は、私がアドバイザー的に参加しながら、乾久美子さん、藤本壮介さん、平田晃久さんという若手建築家3名で共同設計にあたり、完成までのプロセスを写真家の畠山直哉さんに追ってもらう形で2012年の第13

回ヴェネチア・ビエンナーレ国際建築展の日本館で展示され、さらに最高賞の金獅子賞も受賞しました。これにより「みんなの家」、あるいは「Home-for-All」として、国内外に広く知ってもらう契機にもなりました。

ところで、現在までに東北に建てられた「みんなの家」を振り返ってみると、その「造形」はじつに様々であることがわかります。1棟目から16棟目までに6年という歳月が流れ、被災地の状況が変化してきたことは要因のひとつですが、そもそも地域ごとに求められる要素が違い、それらの要素を、担当した建築家がそれぞれの解釈により設計し、つくり上げているため、自ずと様々な「造形」が誕生してきたといえます。

ただ、改めて振り返ってみると、そのなかに、テントのようなトンガリ屋根をもつ家がいくつかあることに気づきました。2棟目として山本理顕さんがつくられた釜石市の「平田のみんなの家」はまさにテントの素材を用いたトンガリ屋根です。夜になるとその屋根からは室内の明かりが漏れて、行灯のようにも見えます。この設計意図について、以前、山本さんに直接聞いたことがあります。すると山本さんは「仮設住宅のみなさんの拠り所になるシンボルのようなものが必要だと考えた」とおっしゃいました。実際「平田のみんなの家」は、みなさんに親しみをもって使われていますから、その「造形」が問題だとは思いません。しかし私は、「こういうものをシンボルというのだろうか」「シンボルとは、デザインで実現するものではないのではありませんか」と、問いかけました。

山本さんに問うたのには、私自身も関わっている「陸前高田のみんなの家」への思いもあったからです。あの建物は完全に、シンボルというものを建築家的に解釈してつくったといえます。たとえば、「陸前高田のみんなの家」を最も印象づけているのは、19本の柱です。この柱には、津波をかぶり、立ち枯れてしまった杉を使っています。いわば、死んでしまった杉を再生させる、というシンボル性をもっているわけです。建築家はシンボル性というものを、どうしても設計のときの拠り所にしてしまいがちなのです。この結果、そのプロセスにはなかなか物語性があったため、ビエンナーレでの展示は成功し、賞ももらうことができたわけですが、完成後、ここに訪れるのは地元の人ではなく、国内外の建築家やジャーナリストばかり、という状況になってしまいました。建設された場所が仮設住宅団地内ではなかったという理由もあり、またそのことが、造形にも影響を与えたのだと思います。このため「陸前高田のみんなの家」は、たとえば、震災の記憶を紡ぐといった、全体を見渡すシンボルにはなったかもしれませんが、地元の方々にとってのシンボルにはならなかったのです。このことには私自身、と

ても責任を感じています。またこうした経験によって、いま改めて「みんなの家、その先へ」という命題を、振り返って考えてみる必要があると思ったのです。

熊本の「みんなの家」

いままでお話ししてきたのは東北の「みんなの家」についてです。つまり自治体が関わっていない「みんなの家」ですが、熊本の「みんなの家」は多少事情が違い、熊本県が推進する「くまもとアートポリス」事業の名のもと、その建設費用も国や県が負担する形でつくられています。初めて熊本県内につくられたのは、2012年。熊本阿蘇地方で6、7月に発生した土砂災害で被災した方々のための仮設住宅内に、2棟が建設されました。さらに、2016年4月に発生した熊本地震の際にはアートポリスが主導して仮設住宅の建設に対する提案をし、仮設住宅50戸に1棟の割合で建設される「集会所」および「談話室」を、すべて「みんなの家」と位置付ける形で、木造の「みんなの家」がおよそ90棟つくられています。ですから、文字どおりの「公共建築」ということもできます。

ただ、アートポリスは東北で初めてつくった「宮城野区のみんなの家」を支援してくれて以降、その意義を理解してくれていますので、建物がもつ意味や役割に大きな違いはありません。強いていえば、非常に短期間にたくさんの「みんなの家」をつくらなければならなかったため、これまでつくってきた経験を生かした「規格型」を設定し、ある程度システマティックに設置せざるを得なかったことと、これに対し、アートポリスとして設計者を推薦し、入居者と意見交換をしながら整備を進めていく「本格型」を設けたことに違いがあります。また「本格型」の設計に際しては県外を拠点とする建築家だけではなく、熊本県の建築士会や建築士事務所協会、日本建築家協会九州支部に所属する、若い建築家にも設計をお願いし、彼らにもそうとうがんばってもらいました。

ちなみに「本格型」の「みんなの家」も、結果的にすべて切妻屋根になりました。非常に安定していて、みなさんに喜んで使ってもらっていますので、私はこのことを、決して否定的な意味で捉えているわけではありません。時間もありませんでしたし、ここで建築家が何か冒険的な設計をすることのほうが「みんなの家」の意図に反しています。ある意味、「みんなの家」がステレオタイプ化していくことも、悪いことではないと思っています。たとえば、地方を拠点に活躍する多くの建築家にとっては、わざわざ東京に出てきて個人の小さな住宅建築をやるよりも、地域に根ざした活動のなかでそれぞれの建築のクオリティを高めていくような仕事をしていくほうがいい。公共と民間との間で互いに顔が見える関係を築きながら建築、ひいて

は町の環境を高めていくような仕事の方法があって、熊本では
それが実現しつつある。このことは、非常にいい傾向だと思っ
ています。

　また、熊本では今回、木造の仮設住宅とともにたくさんの
「みんなの家」が誕生しましたが、木造の仮設住宅もコンクリー
トで基礎を打ったものは耐久性もあるので、今後、2戸を1戸に
まとめるなどの工夫をしながら災害復興公営住宅に転用し、使
われ続ける可能性は高い。「みんなの家」もその間にあって、い
ままでのような使われ方をしていくことが十分に考えられま
す。本当に小さな公民館のような役割を果たしていくことにな
るはずです。従来の公民館には、建物の規模は大きくてもうま
く使われていないという事例がいくつもありますので、「みんな
の家」が使われ続けていけば、利用者側が「公共建築」に抱いて
いる固定観念も変わっていくのではないかと期待しています。

「みんなの家」の可能性

「みんなの家」という名前とその存在について、東北の被災
地、そして熊本県ではだいぶ広く知られるようになり、それ以
外の場所でもある程度は知られるようになりました。しかし一
方で、とくに年長世代の建築家のなかには「みんなの」という
言葉に偽善的な、あまり好ましくない印象をもっている方々も
いるようです。つまり、20世紀型のモダニズム建築というもの
は、前の建築を破壊してでも改革し、新しいものをつくってい
くんだというアバンギャルド精神を背負ってきたのです。そう
いう精神のなかで建築を考えてきた世代にとっては、「みんな
の」という言葉は、ひどく感傷的にも思えるようです。

　しかし私は、すでにそういう時代は終わったと考えていま
す。むしろ、そういうアバンギャルド精神が建築の邪魔をして
いる。それをいかに排除できるか、排除することによってし
か、新しい建築は出てこないと思っています。従来の「作品主
義」のような思想は捨てて、新米のように、周りの人に話を聞
き、意見を聞きながら一緒になってやっていくところにこそ、
作品主義には乗らない、新しい建築が出てくる可能性があるの
ではないでしょうか。

　この意味からも、「みんなの家」という本当に小さな、ささや
かな「家」には、これからの建築、そして建築家というものを問
い直す、大きな力が宿っているのではないか、と思うのです。

いとう・とよお
1941年生まれ。65年東京大学工学部建築学科卒業。菊竹清訓建築設計事務所に勤務後、
71年に独立しアーバンロボット設立、79年に伊東豊雄建築設計事務所と改称する。主
な作品に「せんだいメディアテーク」(2000)、「TOD'S表参道ビル」(2004)、「みんなの
森 ぎふメディアコスモス」(2015)、「台中国家歌劇院」(2016)など。

chapter 2

第2章

みんなの家とは何か

東日本大震災の被災地に対し、建築家として何ができるのか。その問いかけのなかから生まれたみんなの家。建築家自らが資金を工面することによって誕生してきたこれらの建築は、災害により被災した方々を支援するという、ある種、特殊な状況に対応するものだが、それがつくられるプロセスには、建築そのもの、建築家という仕事そのものを問い直す、普遍的な性質が存在するのではないか。「みんなの家」が初めて誕生した瞬間から、これに携わってきた建築家3名が改めて、その意義について語り合う。

[鼎談]
公共建築としての
みんなの家とは何か

伊東豊雄×山本理顕×妹島和世

みんなでつくる「みんなの家」

伊東　今日は、東日本大震災の被災地に「みんなの家」をつくり始めた、その最初の段階から一緒にやってきた山本（理顕）さん、妹島（和世）さんと一緒に、自分たちがつくった「みんなの家」を例にしながら、では、「みんなの家」とはなんだったのかということを考えてみたいと思い、お集まりいただきました。

そもそもの経緯を振り返ると、「みんなの家」をつくることになったきっかけは2011年3月末に発足した「帰心の会」でしたね。内藤廣さん、隈研吾さんと僕ら3人、建築家5人が集まり、被災地の復興に対してなんらかの行動をしていくための組織としてこの会をつくりました。とはいえ、行政から呼ばれているわけでもないから、それぞれが被災地を訪ねたりしながら連絡を取り合い、話し合いを重ね、自分たちができることを実践していこう、と。そのなかで「みんなの家」というアイデアが出てきました。

山本　集まった建築家5人、それなりに名前は知られているかもしれないけれど、だからといって震災復興に関して国から何か期待されているわけでもない。そういう状況のなかで建築家としてどういう活動ができるのか。ただ、大きな計画をつくっても、現段階では被災地の方々に冷静に受け取ってもらえないだろうから、まずは身近なところでやっていこう、と。

妹島　確か、長いスパンでできることと、とにかくすぐにできること、その二つから考えようということを話したと思います。体育館に避難している人たちの映像を見て、すぐにできることというのは、たとえば1本の花でも、1脚の椅子でも、届けることができればいいのではないか、と。そんな話から、始まったと思います。

山本　そのなかで伊東さんが「みんなの家をつくったらどうか」と、かなり早い段階で言ったんです。それにはみんな大賛成で、僕も、それなら何かできそうだな、という気になりました。

山本理顕

014　第2章　みんなの家とは何か

伊東豊雄

伊東 「みんなの家」は小さいものだし、自治体の支援にはのってこない話だから、お金も自分たちで工面してやろう、と。初めて具体的な形になったのは、僕が仙台市の宮城野区でつくった「みんなの家」ですが、これは熊本県の事業「くまもとアートポリス」から資金や資材の援助を受けることができたので、まずは被災地のなかで僕がいちばん話をしやすい、仙台市の奥山恵美子市長に計画をお話したところ、市長が「やりましょう」と即答してくれて。ちょうど完成したばかりだった仮設住宅団地を紹介してくれたのです。

最初に現地を見に行ったときにはまだ、住民の方々は引っ越してきていなかったと思いますが、そこから設計を考え始めて、引っ越してきたばかりの方々を前に、住民のみなさんが憩えるような家をつくりたいというお話をしました。すると、とにかく住民のみなさんは、仮設住宅の狭さにかなり衝撃を受けていたうえに、せいぜい40㎡ほどの床面積しかもたない家をつくろうとしていることを知って「そんな小さいものか」と、ただただ困惑する、という感じ。だから僕も、小さいけれど、みなさんが求めるものをできるだけ実現しますからと言って、ようやく「軒が欲しい」とか、「薪ストーブを囲んでみんなで話がしたい」とか、そんなことを話してくれるようになった。また、自治会長の平山一男さんがとてもポジティブに受け止めてくれたので、そこから急速に話が進んで、夏くらいには話がまとまり、9月に着工、2011年10月末に竣工したんです。そうしたら住民のみなさんは本当に喜んでくれた。「こういうものが欲しかった」とおっしゃってくれて。

山本 自分たちでお金を集めるというのも、妹島さんがその中心的な存在になってくれましたが、僕自身もちょうど、スイスの飛行場関連の設計をしていたのでそのクライアントに連絡をしたら、協力いただけると即答してくれました。さらに昔から親しかった施主にも話をしたら、とても好意的に受け止めてくれた。その施主は、すでに赤十字にも寄付していたけれど、どのように使われているのかわからない。山本さんたちがみんなの家をつくるのに使うのだったら、ぜひ協力したいとおっしゃってくれました。こういう形で受け皿ができると、協力を惜しまない人たちがたくさんいるんだ、ということを実感しました。多くの人たちは、どうやったら震災復興の活動に参加できるのか、その参加の方法を探していたのだと思いました。

多少のお金が工面できたので、それをどこに建てるかということになるのですが、僕は岩手県釜石市の平田(へいた)地区につくりたい、と思いました。じつは平田地区では横浜国立大学の学生と一緒に考えた仮設住宅の提案が実現していたんです。それは玄関が向き合うように配置された計画です。

公共建築としてのみんなの家とは何か　　015

みんなの家はテントでつくりたいと思いました。夜にはそこから暖かな光が漏れて、大きな行灯のようになるイメージです。太陽工業という膜構造の会社も協力してくれることになったので、構造は佐藤淳さんにお願いし、横浜国立大学の学生や、東京大学の学生、数十人がボランティアとして参加してくれました。工事期間はちょうど1カ月、2012年5月10日に完成しました。

ただテントだとさすがに冬は寒いので、内側にもう1枚、断熱材の性能をもったテントを吊るしました。春になるとその断熱材テントを取る。だから今でも年に2回、私の事務所のスタッフが2人行って、季節ごとにテントを付けたり、はずしたりしているんです。そのときは仮設住宅の人もみんな集まってきて協力してくれて、ちょっとしたイベントのようになっています。こういう形で仮設住宅に住む人たちの暮らしに、多少でも協力できたというのは、「みんなの家」というプロジェクトがなければ僕は思いつかなかったし、住民の人たちとの交流も生まれなかったと思っています。

妹島　私は宮城県東松島市の宮戸島で、二つの「みんなの家」をつくったのですが、最初から「みんなの家」をつくるつもりで行ったわけではなくて、ほとんど偶然。帰心の会で開いた話し合いのために東北に行ったときに、東北大学の小野田泰明さんが、宮戸島でちょうど今後の復興について話し合いをしていると教えてくれて、別に呼ばれていないけど行ってみようということで、最初は内藤さんと二人で訪ねて行ったんです。

宮戸島は外周距離が20kmくらいの小さい島です。浜ごとに四つの集落があり、それぞれに約50戸、全体で200世帯くらいが暮らしていた。すごく近いのに震災までは集落ごとの交流はまったくなく、お互いに話し合いなんてしたこともなかったそうです。ですが今回の津波で島全体が大きな被害を受けてしまったので、ほとんど初めて、島のみんなが集まって今後の復興を考えていくことになった。私たちはそこに参加させてもらったのですが、あまりみなさんの邪魔をしちゃいけないだろうと思いながら後ろに控えていたんです。そうしたら住民の方に「私たちは別に、自分たちの話を聞いてもらいたいわけじゃない」と。「あなたは専門家なんだから、もっといろいろ意見を言ってくれ」と言われて。そこで自分の立ち位置みたいなものがはっきりしました。ですからその後は、住民の方々とも相当に話し合って、島全体のまちづくりを考えていったんですね。

ただ、最終的には国から土木事務所のような人たちが来て、住民への聞き取り調査を始め、どんどん話が進んでいき、二つの話し合いが並行して進むような感じになってしまって。住民

妹島和世

の方々の邪魔になったら悪いなあと思うようになり、いったん距離をとる感じになりました。

伊東 それと同じように、僕も小野田さんに誘われる形で釜石市の復興計画に参加することになって、2011年の6月くらいから釜石に通い、住民のみなさんといろいろ考え、提案したのですが、結局は国の方針通りにやらないと復興予算が出ないということで、すべてダメになってしまったのです。住民の方々の「何とか自分たちの力で復興させていこう」という熱意に僕は感動していましたし、釜石市の役所の人たちも一丸となって、プランを考えたのですが、結局は国による管理と経済の壁に阻まれてしまった。

妹島 宮戸島でも住民の方々の熱意はすごかった。「自分たちは孫にいい町を残したいんだ」と言って。ですから、国の調査が入ってそこはいろいろ進んだのですが、一方で住民の方々が自分たちでも委員会をつくって、役所の人を呼んで、土木事務所の人も呼んで、さらに私たちも呼んでくれて、住民が主導する形で一緒に話し合うことができたんです。それでも基本的には島全体の整備はほとんど国の方で進めたのですが、唯一、私たちの提案で残ったことは造成するときに小さなこぶのような山を伐らないで残せたことです。今でも宮戸島に行くと、島の人たちが「ここが残ってほんとうに良かった」みたいなことを言ってくれます。それは嬉しい思い出のようなものです。

　そんななかから、すでに伊東さんの「みんなの家」が宮城野区に完成していたこともあって、住民の方々が、自分たちも「みんなの家」が欲しいという話につながり、二つ、小学校の校庭にあった仮設住宅の中に2012年10月に「宮戸島のみんなの家」を、その後、漁師さんの作業場にもなるような場所として、2014年7月に「宮戸島月浜のみんなの家」をつくることができました。

本当の「公共」をつくる

山本 いま、伊東さんや妹島さんがおっしゃった、住民自身が自分たちの町を復興しようとしてもそれが叶わなかったというお話は、すごく重要なところですよね。今回、津波の被害を受けてしまった場所は、過去においても津波が来た場所だったわけですから、昔から住んでいた人たちはそれをよく知っていたと思います。ほんの少し高い場所に建てられた神社は、実際、今回も被害を受けなかった。ここまでは津波は来なかったということを、伝えるために建てられた神社だったのだと思います。ところが、平地に電車の駅ができて、その周辺をミニ開発して、住宅が建てられる。もし、昔からの言い伝え、津波が来たら危険な土地だということをコミュニティとして伝えていけるような関係があって、それに適した土地の選び方、開発の仕方ができていたら、これほどの被害にはならなかったようにも思います。

伊東 ただ、宮城県にはかなり広い平野がありますが、岩手県のとくに釜石のような場所はリアス式海岸で、平地がほとんどない。人口が少ないときにはある程度、自然環境と折り合いをつけながら暮らすこともできたかもしれませんが、町が発展し、経済も発展させようとすると、やむを得ないところはあったと思います。

山本 そういう面もあると思いますが、プレファブ住宅にしても、基本的には標準化された規格住宅だし、民間ディベロッパーによってミニ開発される住宅地にしても、あるいは公共の都市計画にしても画一化された計画手法によって策定されるわけだから、地域の歴史や特性が反映されていないわけですよね。いままでの住宅供給の仕組みに根本的な問題があったと思います。ディベロッパーの要請や行政の命令にただ従ってきたわれわれ建築家にも大きな責任があると思います。

妹島 宮戸島の場合は昔からの言い伝えのようなものが集落のなかにけっこう根付いていました。だから今回の津波では三つの浜が流されたのですが、亡くなった方はほとんどいませんでした。みなさん島内で生き残ることができた。そもそも縄文時代からの貝塚を調べると、地震がきて津波が来るとここまで上がって、また安定した時代が続いたからここまで下がって、また上がって、というようなことがわかるんです。

伊東 つまりそうやって、自然には敵わない、けれど、長らくうまく付き合ってきた歴史がその地域ごとにあるわけですよね。ですから本当なら、今回の震災でもその歴史を生かした復興の方法があり得たはずです。すると当然、その地域によって違った復興にならざるを得ない。

ところが結局は、嵩上げして防潮堤をつくって、住民はみん

な高台に暮らす、ということになっている。昔の市街地だったところにはもう住めませんよ、商店と公園はいいけれど、住むのは山の上ですよ、と。僕はそのやり方に、かなり不信感をもっています。

山本 まさに都市計画の近代主義がそこに出てきちゃっている。

伊東 単純極まりない、近代主義思想ですよ。

山本 地域開発をすべて同じ標準的な計画でやろうとすれば、みんな平らにしちゃうのがいいわけです。そうすれば、かつて近代都市計画で使った方法がそのまま使えますからね。

伊東 陸前高田なんて、およそ10mも嵩上げしたくらいですから。

山本 山を削ってベルトコンベアーで土を一気に運んでね。僕もあの風景をみたけれど、それは恐ろしい風景だった。みんなが昔から馴染んでいた風景があっという間にすべて崩れてゆく。しかも嵩上げした場所には暮らせなくて、そこは商業施設や公園になるだけだという。誰も住んでいないところに商業施設をつくったって意味はありませんよ。

だからこそ「みんなの家」を、そういう近代主義的な仕組みに縛られずにつくったことには意味があると思います。本当にわれわれが目指しているものはそういうものではないんだ、と、ささやかではあるけれど、それを、まず言ったんだと思うのです。

伊東 仮設住宅団地のなかには、集会所がつくられています。これは仮設住宅が50戸以上集まったら1棟つくるという仕組みのなかでつくられるものですが、いわば、緊急事態用の小さな公民館、そういう意味で公共建築としてつくられているものです。一方で「みんなの家」も、「みんなの」という意味で公共建築だと言えるわけですが、それらはまったく違うものなのです。集会所は、部屋がいくつかに分かれていて、ここはキッチン、ここは和室、ここは集会をするための場所ということで、安いカーペットが敷かれて大きなテレビがドンとひとつ置いてあるだけ。機能だけでつくられた空間です。そして、その横につくった「みんなの家」は、僕に言わせると昔の民家の縮小版のようなもの。全部が一室で、土間があり、縁側があり、薪ストーブは囲炉裏のようなもので、小上がりのような畳スペースがある。それらの空間は行為によって使い方が変わってくるのであって、機能によって振り分けられたものではありません。ですから、同じように公共建築と言ったとしても根本的に、公民館的なものと「みんなの家」とは、思想からして違うわけです。

山本 日本の場合はとくに「公共」は行政のことだと考え違いをしていて、行政がつくる施設が「公共施設」と呼ばれます。行政によるその場合の「公共」の原理とは何かというと、それは「平等」であること。みんな平等であるためには、標準的

じゃなければならない。何をもって標準とするのか、平等であるとはどういう意味か、それを決めるのは行政だと思い込んでいるんですね。ですが「みんなの家」はそうではなくて、主体は住民です。住んでいる人たちがどうしたいのか、どういうものが欲しいのか、そういう話のなかで立ち上がってくる。当然、隣の地域に住んでいる人たちとは違うものが生まれてくる可能性があるわけで、標準にはなりません。そして、それが本当の意味での「公共」なんですよね。本来「公共」とは住民の側にあるものなんだ、と。そういうことが「みんなの家」をつくっていると非常によくわかります。

伊東 実際に、つくられてきた「みんなの家」にはいろんなタイプがあり、10戸あれば10戸は全部違うものになった。当然、住民も違い、建てられる場所も違うのですから、自ずと違うものになるはずです。ですからそれをどのように、いわゆる、これからの「公共施設」に組み込んでいくか、近づけていくかが、みんなの家からの教訓であり、われわれ建築家への課題なのだろうと思っています。

妹島 「みんなの家」をつくりながら勉強になったのは、私は宮戸島の人に「みんなの家」を提案する側として、その空間の使い方を、どうぞみなさん好きなように、何時から何時までなどと決めずにどんどん使ってくださいというようなことを言ったのですが、そうしたら島の人たちが「そんなの大丈夫だよ」と、「みんな自分の家だと思って使うから」っておっしゃって。そういうことが本当の「公共」なんだな、と思いました。ですから東北の方々を見て、自分たちがもっとやらなきゃいけないんだ、やれることがあるんだ、ということを感じたんです。とくに東京に暮らしていると「公共」に対して自分がどうやって触れていいのかわかりづらいのですが、家の横のゴミ捨て場を自分でキレイにするとか、そういうことから少しずつ広がればいい。そういうことさえ行政任せにしてきたんじゃないか。自分もその一員として「みんな」がこの場所をつくっているということをもっと認識して、それこそ「みんな」で、できるようになればいいな、と思ったんです。

山本 「公共」というものを行政が独占しているというのは、公共とは管理することだと、管理される側もそう思い込んでいるところがあるわけですよね。公共施設なんだから住民を管理するのは当然だ。そのためには管理は平等じゃなくてはならないというように。日本では本当に、そういう仕組みが出来上がってしまっている。

妹島 とくに宮戸島の人たちは住民パワーが強かったのかもしれないけれど、住民のなかに「自分たちで考えたビジョン」のようなものがあって、そうなると、たとえ、すべて平等にと考えている行政職員であっても彼らの声は無視できなくなるとい

う感じでした。

伊東 ある意味、近代以前の仕組みのなかで自分たちの暮らしを成立させてきた、それが実現できる規模の集落であったということもありますね。共同の利益のために何をすべきかを自分たちで判断して行動してきた。反面、個人のエゴは許さないような社会でもあって、悪く言えば相互監視ともいえる仕組みですが、近代主義のなかで失われてしまった共同体的な価値を、改めて見直さざるを得ない時代になってきたのでしょう。

「作品主義」を問い直す

伊東 「みんなの家」をつくるプロセスは、僕ら建築家が、いわゆる公共建築を設計するときとはまったく違うものだった。そのなかで僕は、第1号となった「宮城野区のみんなの家」をつくるときに、徹底的に住民のみなさんの話を聞き、土間のある切妻屋根の家をつくったわけですが、そのときに、建築家としての自分の「作品」という概念を捨ててつくってみた。それが結果、ユーザーであるみなさんにすごく喜ばれる建築になったということを、とても大きな課題として受け止めているんです。

山本 そこは伊東さんとは違う意見です。僕はむしろ「みんなの家」のような建築こそ、本当に建築家の「作品」としてつくられるべきだと考えています。住民のみなさんの意見を聞くことは大切ですが、それを建築家として解釈して、自分の考え方、思想に基づいて建築をつくる。それがむしろ期待されているのだと思います。住民のためにつくるということと、その建築の作品性とは相互に矛盾するものではないと思います。自分がどういうことを考えて建築をつくるのかをきちんと伝える。その「伝える」ということが重要だと僕は考えています。

伊東 ですが、住民の声を徹底的に聞きましょう、といって、そこで「どうしても庇が欲しい」と言われれば、それをつくらざるを得ない。そのことが、建築家の主張と折り合いがつけられない場合もあるんじゃないですか。

山本 個別なケースごとに考えなければなんとも言えませんが、庇をつけるかどうかと作品性の間に矛盾が生じるとは思いません。

伊東 しかし、「みんなの家」は従来の公共建築とは違うのだから、それなら普段、公共建築をつくるときにはできないことをこそ実践してみる、そういう機会であってもいいのではないでしょうか。建築家のアイデンティティやクリエイティビティを表現するのが建築であるというような、20世紀的な概念をすべて排除したところで、いったいどういうことができるのかを、ここでやってみたっていいのではないか。

山本 建築家個人のアイデンティティがどこにあるのかという

話はまた別の話だと思います。建築家という主体的な個人がそこにいて、自らの考え方に基づいて、自らの責任で建築をつくるわけですから。

妹島　もしかすると、伊東さんが使われる「作家性」という言葉が問題を複雑にしているような気もします。たとえば熊本の「みんなの家」では基本的にみんな切妻屋根になっていますけど、それでもそれぞれに違いが出てくるわけですから、個人の経験や知識に基づくアイデンティティは捨てようがない。ただ、やっぱりこれまでに「これはいいものだ」と信じて疑わなかったことを、もう一度考え直すということはあり得るかもしれません。
　ですが私は、「宮城野区のみんなの家」を見たときに、すごく、伊東さんらしい建築だと思いました。

伊東　妹島さんは前からそう言ってくれるんだけど……。

妹島　「作品」という言葉をどう捉えるかであって、お話を伺っていても、伊東さんと山本さんが実際に設計していくプロセスには、それほど違いはないように思います。

伊東　ただ建築家っていうと、世間からは、常になにか突っ張ったようなものをつくると思われているじゃないですか。それをいわゆる「作品主義」という言葉では片付けられないかもしれないけれど、勝手なことをやる奴らだと思われている、そう感じることはあるでしょう？だからこういうときにこそ、それを払拭すべきじゃないですか。

山本　たしかに、先ほどの行政による管理の平等性という話につながりますが、そのためには建築家に勝手なことをやられては困る、できるだけ標準的なものをつくらせたいという力が働いていることは感じます。でも、私たちは自分勝手にやっているわけではないはずです。自分たちも住民のことを考え住民のためにつくっている。建築の専門家としてきちんと伝えることが必要なのだと思います。

伊東　ですがやっぱり、建築家自身も変わっていく必要があると思うのです。社会が悪い、行政が悪いと言っても仕方がないわけですから。

山本　その通りだと思います。ただこの建築はある建築家の作品であると言った場合、暗にそれが優れた作品であるかどうか、という問いを同時に含んでいるのだと思います。それが作品かどうかを承認してくれる他者、たとえば地域住人だったり、その建築を使う人だったり、そういう人たちに認められて、はじめて、それが作品であるかと判断されるのではないでしょうか。ひとりの建築家の作品であると同時に、それをあたかも自分たちの作品であるかのように考えてくれる人がいて初めて、建築のその作品性のようなものが成り立つように思うのです。建築家は、この建築をひとつの作品として認めてくださ

いと他者に対して承認を求めているということを、建築家の側ももう一度考える必要があるように思います。

妹島 いまの若い人たちを見ていると、むしろ個人のアイデンティティということはあまり信じていないのかなあと思わされます。みんなで、グループで設計することが多くなっているようです。そしてその方がいいものができると考えている。そういうスタイルを見ると、私自身は、本当にそれでいいのかなと思うこともあって。そうだとすると、いままで私は、自分自身の作家性とか、作品主義とかについて考えたことはなかったのですが、もう一度考え直してみることが必要なのかなあなどと、複雑な気持ちになります。

伊東 若い人がみんなで設計すること、何がダメなの?

妹島 ダメだとは思っていないんですけど、これはどういう動きなのかな、と。

社会の仕組みというか、価値みたいなものが変わっていくなかで、建築のつくられ方のプロセスも変わってくると思うのでそれもひとつの試みだとは思います。ですがそれだけではなく、もっといろいろなこと、場所やその場所のもつ時間などに組み込まれていくようなことを考える必要があるのではないでしょうか。人が多ければいいというものでもありません。そんななかで、いろんな立場の人がぎくしゃくしながら、手探りでやっているのかな、とは思います。

山本 僕も妹島さんと同じように感じています。建築家の主体性などいらないという力が働いているように感じています。

伊東 「作品」ということについては、正直なところ、僕自身なかなか明確な答えは見つかっていません。それでみなさんにもうかがってみたけれど、やはり、なかなか難しいですね。ただ、「みんなの家」は、そういう意味でも建築家とはどういう仕事なのかを考えるきっかけになったし、そこから何か、新しい建築、あるいは建築家像のようなものが見えてくればいいと期待しているんです。

山本 そう思います。それが私たちの責任なのだと思います。

やまもと・りけん
1945年生まれ。1968年日本大学理工学部建築学科卒業、1971年東京藝術大学大学院美術研究科建築専攻修了。東京大学生産技術研究所原研究室を経て、1973年山本理顕設計工場設立。主な作品に「公立はこだて未来大学研究棟」(2000)、「横須賀美術館」(2007)、「福生市庁舎」(2008)「天津図書館」(2012)、「横浜市立大学YCUスクエア」(2016)など。

せじま・かずよ
1956年生まれ。1979年日本女子大学家政学部住居学科卒業、1981年同大学大学院修了。同年、伊東豊雄建築設計事務所入所。1987年妹島和世建築設計事務所設立。1995年西沢立衛との建築家ユニットSANAA設立。主な作品に「金沢21世紀美術館」★(2004)、「ルーブル=ランス」★(2012)、「すみだ北斎美術館」(2016)など(★=SANAAとして)。

chapter 3

第 **3** 章

みんなの家、東北から

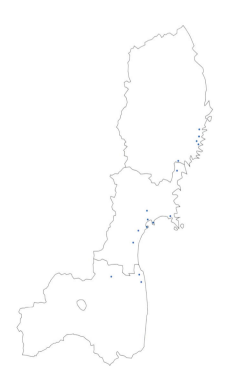

❶ HOME-FOR-ALL IN MIYAGINO/SHINHAMA
宮城野区のみんなの家／新浜のみんなの家

設 計 伊東豊雄＋桂英昭＋末廣香織＋曽我部昌史
竣 工 2011年10月（宮城野区のみんなの家）　2017年4月（新浜のみんなの家）
所在地 宮城県仙台市宮城野区福田町南（宮城野区のみんなの家）
　　　　 宮城県仙台市宮城野区岡田字浜通（新浜のみんなの家）

　仙台市宮城野区の福田町南一丁目公園の仮設住宅団地内に完成した、「みんなの家」の第1号である。震災直後からの「みんなの家」の呼びかけに対し、熊本県から木材と建設資金が提供された。スティール製の仮設住宅に住まう住民にとって、庇のある空間や、屋外で腰掛けて話ができる縁側、木材の温もりなどへの要望は切実なものであった。

　施工期間中、九州などからの学生や一般ボランティアの人々、あるいは設計者や仮設の住民も参加して外壁の塗装や家具制作などが行われた。

　建築完成後も、手づくりの植栽や屋内の棚の造作など、仮設住宅の住民によって手が加えられながら、様々な集まりの場として活用された。なかでも、宮城野区と熊本県の人々が、この建築を通じて交流がなされた意義は大きい。

　2016年の仮設住宅の解体後、「みんなの家」は自宅を再建した仮設住宅の元住民が多く住まわれている新浜地区に移築されることとなり、現在も地域の方々に活発に活用されている。

建築完成3周年の芋煮会　　　　　　　　　　　　　© 伊藤トオル

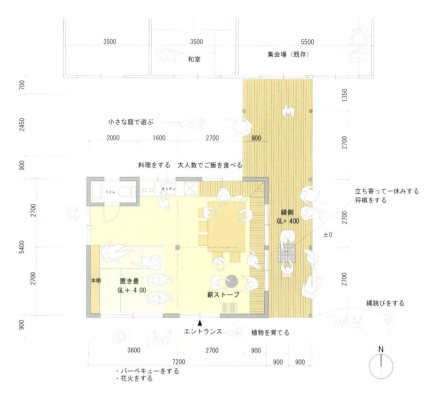

宮城野区のみんなの家　　　　　　　　　　　　　　　　　　　　　　　　　　　平面図　S＝1：150

仮設住宅住民との話し合い

熊本県から贈られたプレカット木材

住民によって植えられた花壇

新浜地区に移築された「みんなの家」2017年4月

宮城野区のみんなの家
所在地｜宮城県仙台市宮城野区福田町南
設計者｜伊東豊雄、桂英昭、末廣香織、曽我部昌史
構造設計者｜桝田洋子／桃李舎
施工者｜熊谷組、熊田建業
完成時期｜2011年10月
主要用途｜集会所
建主｜くまもとアートポリス東北支援「みんなの家」建設推進委員会
敷地面積 (公園全体)｜16,094.55㎡
建築面積｜58.33㎡
延床面積｜38.88㎡
階数｜地上1階
構造｜木造

新浜のみんなの家（移築）
所在地｜宮城県仙台市宮城野区岡田字浜通
移築設計者｜伊東豊雄建築設計事務所、中城建設
構造設計者｜中城建設
設備設計者｜中城建設
施工者｜中城建設
完成時期｜2017年4月
主要用途｜集会所
建主｜仙台市
敷地面積｜201.56㎡
建築面積｜50.22㎡
延床面積｜38.8㎡
階数｜地上1階
構造｜木造

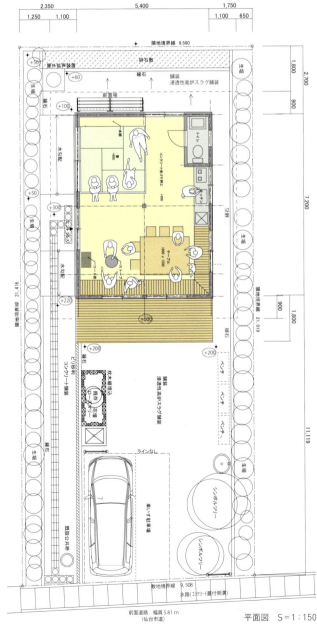

新浜のみんなの家　　　　　　　　　　　　　　　　　　　平面図　S＝1:150　

028　第3章　みんなの家、東北から

❷ HOME-FOR-ALL IN HEITA, KAMAISHI
平田のみんなの家

設　計　山本理顕設計工場
竣　工　2012年5月
所在地　岩手県釜石市

　釜石市の平田グランドに並ぶ仮設住宅群の中にある。ここに建てられた仮設住宅は、住戸へのアクセスがお互いに向かい合うように配置されている。3.11直後に岩手県の住宅課長にこの配置計画を提案して実現した。
　「平田のみんなの家」はこの仮設住宅群の中につくった。夜は飲み屋になるような「みんなの家」である。眠れないときにもここに来れば誰かに会える、話ができる、そう思ってもらえるような建築になったらと思った。夜、中の光が透けて見えるようなテントを素材として選んだのはそのためである。
　傘のような構造システムを採用し、芯柱の125角の角パイプにフードをつけて真下に囲炉裏をつくった。囲炉裏を囲むだけで誰とでも話ができそうな気がする。

平田第六仮設住宅群に建つ「平田のみんなの家」

昼は子どもたちにとって遊具のような建築

夜は居酒屋として賑わいをみせる

030　第3章　みんなの家、東北から

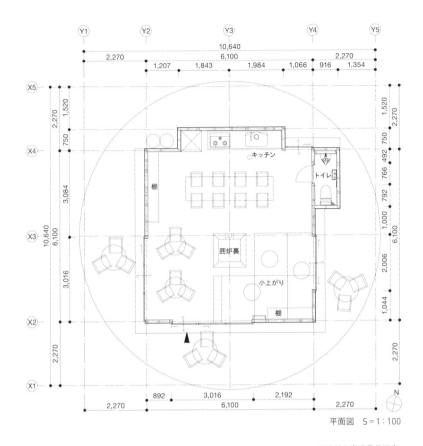

平面図　S＝1:100

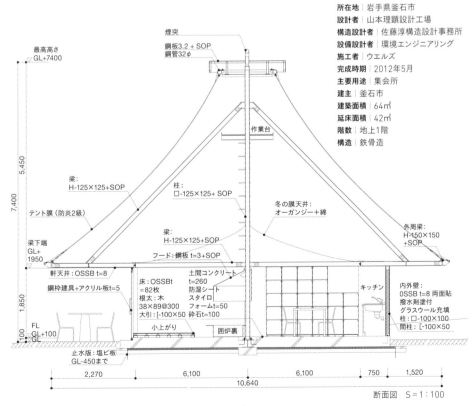

断面図　S＝1:100

所在地｜岩手県釜石市
設計者｜山本理顕設計工場
構造設計者｜佐藤淳構造設計事務所
設備設計者｜環境エンジニアリング
施工者｜ウエルズ
完成時期｜2012年5月
主要用途｜集会所
建主｜釜石市
建築面積｜64㎡
延床面積｜42㎡
階数｜地上1階
構造｜鉄骨造

❸ HOME-FOR-ALL IN KAMAISHI SHOPPING STREET
釜石商店街のみんなの家 かだって

設　計 伊東豊雄建築設計事務所＋伊東建築塾
竣　工 2012年6月
所在地 岩手県釜石市

　釜石市の中心部にある商店街は、津波によって甚大な被害を受けた。「かだって」は、震災以前から釜石のまちづくりの活動を行ってきたNPOのために、街の復興を目指して、商店街の中に計画されたみんなの家である。

　つくりやすく、ローコストで、将来は解体・移設の可能性もあるという視点から、主体構造は鉄骨造＋木造、外壁はコンクリートブロックで構成されている。内部空間は、様々な使い方に対応できるように、ワンルームの無柱空間となっている。ラワン合板の家具制作や内部の壁の塗装などの施工には、近くの仮設住宅に住む方たちや伊東建築塾の塾生など多くのボランティアが参加し、工事に携わる職人と協力してつくり上げられた。

　「かだって」とは釜石地方の方言で、「みんなおいで！」という意味である。ここでは、こどもたちが学校帰りに勉強したり、地元の人達がまちづくりのワークショップをしたり、親子が料理教室をするなど、さまざまな活動がなされている。

オープニングセレモニーでの集合写真

若手住民の復興まちづくりミーティング　　　　　　　　　　　　　©Yoshiyasu Saijo

前庭でのイベント

祭りの復活

寄付されたピアノによるミニコンサート

毎週行われるパソコンワークショップ

所在地｜岩手県釜石市
設計者｜伊東豊雄建築設計事務所、伊東建築塾
構造設計者｜佐々木睦朗構造計画研究所
施工者｜熊谷組、堀間組
完成時期｜2012年6月
主要用途｜集会所
建主｜帰心の会
運営｜@リアスNPOサポートセンター
敷地面積｜167.52㎡
建築面積｜73.27㎡
延床面積｜67.55㎡
階数｜地上1階
構造｜鉄骨造+木造

平面図　S＝1:100

034　第3章　みんなの家、東北から

❹ HOME-FOR-ALL IN MIYATOJIMA, HIGASHIMATSUSHIMA
宮戸島のみんなの家

設 計 妹島和世＋西沢立衛／SANAA
竣 工 2012年10月
所在地 宮城県東松島市

島の中央に位置するこの場所に、気軽に立ち寄ることのできるような「みんなの家」を住民の方々とつくることになったとき、包み込むような大きな屋根の下に住民の方々が集まるような建物がよいのではないかと考えた。鉄骨の骨組みにカーブした母屋をかけ、厚さ2.5mmの薄いアルミ板を葺き、軽くて丸い大きな屋根をつくった。その屋根の下はリビングルームと海を望むことができる半屋外のテラスがひろがる。奥さんたちのお茶会が開かれるリビングとひとつづきのテラスでは漁師たちの宴が始まり、その横で子どもたちが遊ぶ。ふらっと立ち寄ると誰かがいて、居間のようにあたたかく迎えてくれるような場所を目指した。

宮戸の素敵な景色を望みながら、昔の思い出を大事にしながら、少しずつ未来に向かって話し合いができる場所になっていったらと思っている。

外観。海の方向に向かってテラスがひろがる

放課後は子どもたちの遊び場になる

テラスとひとつづきのリビング

みんなでお昼ごはん

竣工式の様子

忘年会の様子

所在地	宮城県東松島市
設計者	妹島和世+西沢立衛／SANAA
構造設計者	佐々木睦朗構造計画研究所
施工者	櫻井工務店、菊川工業（屋根）、こあ（鉄骨）
完成時期	2012年10月
主要用途	集会所

建主	東松島市
敷地面積（小学校全体面積）	14,289.99㎡
建築面積	118.55㎡
延床面積	118.55㎡（屋内：27.35㎡、屋外テラス：91.20㎡）
階数	地上1階
構造	鉄骨造+一部木造

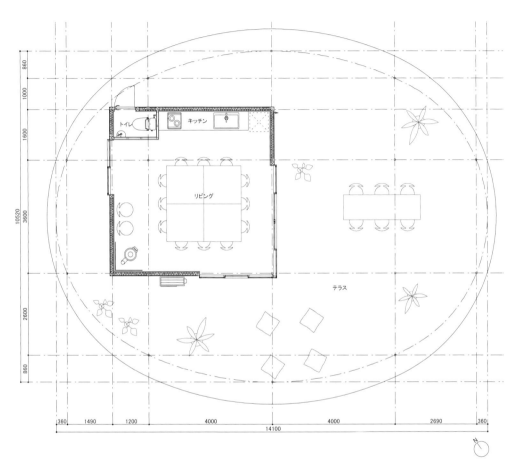

平面図　S=1:120

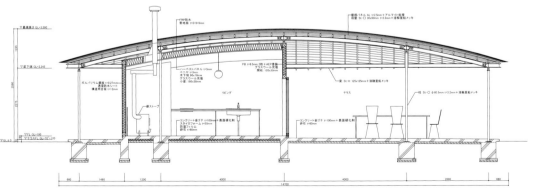

断面詳細図　S=1:120

❺ HOME-FOR-ALL IN RIKUZENTAKATA
陸前高田のみんなの家

設 計 伊東豊雄建築設計事務所＋乾久美子建築設計事務所＋
藤本壮介建築設計事務所＋平田晃久建築設計事務所
竣 工 2012年11月
所在地 岩手県陸前高田市

　伊東豊雄の呼びかけに賛同した3人の若い建築家、乾久美子、藤本壮介、平田晃久と、地元出身の写真家、畠山直哉により、陸前高田市を敷地として設計が進められた。たびたび現地に赴き、被災者へのヒアリングと議論を重ねながら、この場所ならではの在り方を検討した。津波により塩枯れした杉の丸太柱を活用したこの建築が力強く立ち上がることで、地元の方が集い、心の安らぎを得る場となると同時に、町の復興の在り方を語り合える、復興への礎となっていくことを期待した。

　この「みんなの家」の設計プロセスは、2012年の第13回ヴェネチア・ビエンナーレ国際建築展の日本館で展示され、国別参加部門において最高賞の金獅子賞を受賞した。

「陸前高田のみんなの家」全景　　　　　　　　　　　© 畠山直哉

住民との話し合いの様子

津波で塩枯れした杉

被災後1年目で行われた七夕祭での山車

2016年の解体の様子

かさ上げされた場合の状況

竣工式の様子　　　　　　　　© 畠山直哉

　しかしながら、陸前高田市は、津波によって壊滅した中心市街地の今後の安全性を検討した結果、市中心部の大規模なかさ上げ、および湾岸部に防潮堤の建設を計画した。
　その結果、「陸前高田のみんなの家」も3〜4mが地中に埋まってしまうことになり、2016年に解体を余儀なくされた。ただし、現在、再築に備えて丸太などの資材は市内で保管されている。

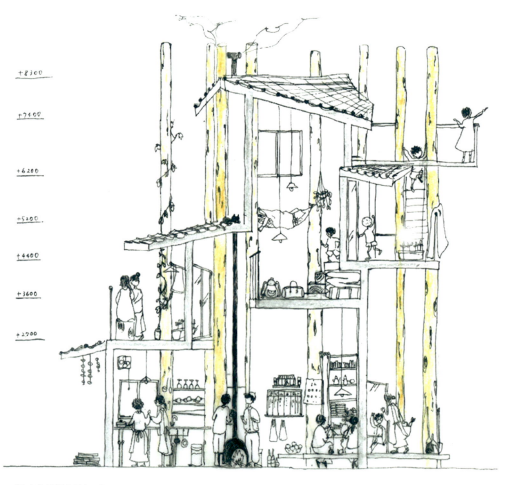

「みんなの家」のスケッチ
© 平田晃久建築設計事務所

所在地｜岩手県陸前高田市
設計者｜伊東豊雄建築設計事務所、乾久美子建築設計事務所、
　　　　藤本壮介建築設計事務所、平田晃久建築設計事務所
構造設計者｜佐藤淳構造設計事務所
施工者｜シェルター、千葉設備工業（衛生）、菅原電工（電気）
完成時期｜2012年11月
主要用途｜事務所（応急仮設建築物）
敷地面積｜901.71㎡
建築面積｜30.18㎡
延床面積｜29.96㎡
階数｜地上2階
構造｜木造（KES構法）

040　第3章　みんなの家、東北から

⑥ HOME-FOR-ALL FOR CHILDREN IN HIGASHIMATSUSHIMA
東松島 こどものみんなの家

設 計 伊東豊雄建築設計事務所＋大西麻貴／o+h
竣 工 2013年1月
所在地 宮城県東松島市

　約600世帯の方が住まう仮設住宅団地の中につくられた子どもたちのための集会所である。仮設住宅で暮らす子どもたちの心にあたたかい記憶として刻まれる、居心地がよく楽しい場所となってほしいという思いを込めて設計した。住民の方々の協力のもと、何度も話し合いを重ねることによって最終的なかたちが決まっていった。完成した「みんなの家」は三つの家が集まってできている。一つめは大きな掘りごたつのまわりにみんなの集まる「テーブルの家」。二つめは土間に薪ストーブのある「あたたかい家」。三つめは車輪がつき様々な場所に移動できる「お話と演劇の家」である。家同士は幅の異なる縁側でつながれることで、狭い場所や広い場所、明るい場所や暗い場所があり、まるで小さな街のような「みんなの家」になっている。

Tポイント・ジャパンが運営するTポイントの募金により建設された

1. 東松島 こどものみんなの家
2. ひまわり集会所（既存集会所）
3. 応急仮設住宅

仮設住宅内にある既存集会所の隣に、子どもたちが集まり遊べる空間として計画された

敷地図　S=1:10000　

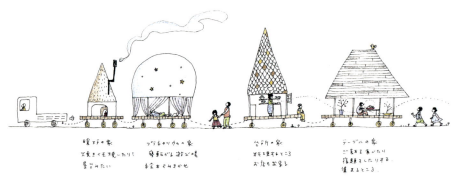

初期案のスケッチ。子どもたちの活動に合わせていろいろなところに場所が生まれるような、動かせる家のイメージ

映画の上映会や楽器の練習をしたりする「テーブルの家」

ベンチに腰かけておしゃべりをしたり、お母さん方がおやつの準備をしたりする「あたたかい家」

クリスマスの日にトナカイ役のお父さん方が、サンタと子どもたちを乗せて「お話と演劇の家」を引っ張っている

子どもたちが走りまわって遊んでいる縁側

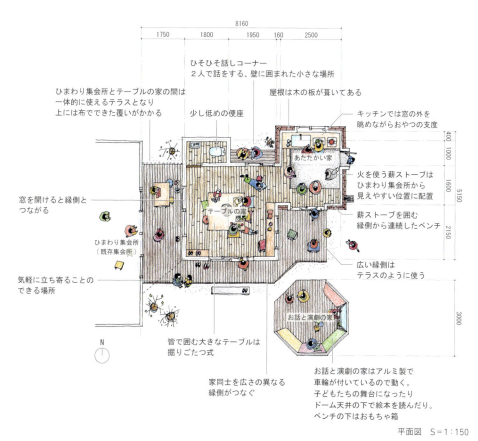

平面図　S=1:150

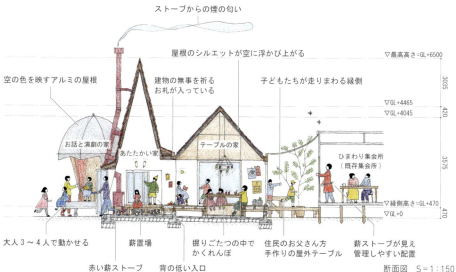

断面図　S=1:150

所在地	宮城県東松島市	建主	Tポイント・ジャパン
設計者	伊東豊雄建築設計事務所、大西麻貴／o+h	敷地面積	敷地面積836.1㎡
構造設計者	オーク構造設計	建築面積	建築面積31.04㎡
施工者	シェルター	延床面積	延床面積31.04㎡
完成時期	2013年1月	階数	地上1階
主要用途	集会所(応急仮設建築物)	構造	木造+一部アルミ造

043

❼ HOME-FOR-ALL IN IWANUMA
岩沼のみんなの家

設 計 伊東豊雄建築設計事務所
竣 工 2013年7月
所在地 宮城県岩沼市

　津波による塩害被害から農業の再興を目指す人々のために、東京のIT企業が出資しつくられた「みんなの家」である。農業とITの融合により未来の農業を創出するための拠点となる場である。

　深い庇と土間のある古い農家のようなイメージで、東西に長い木造平屋である。三和土による土間をみんなでつくり、建築の内部でも土足での作業や産直販売ができるスペースや、収穫したおいしいお米を振る舞うためのかまどを家の中心に据え、スカイプで会議をしたりする大きなテーブルをつくり、そこから縁側に出て立ち寄った人とお茶が飲めるような場をつくった。

　現在では、出資者であるIT企業の管理のもと産直販売と炊き立てお米の振る舞いを週末に行っているほか、NPOによる農業法人設立の拠点、農業実験の場、農業学校の開設などを目指した活動が行われている。

南側外観　　　　　　　　　　　　　　©インフォコム

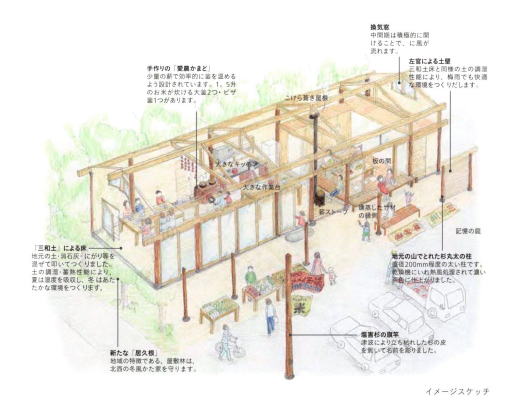

イメージスケッチ

かまどづくりのワークショップ

プロに指導を受けながらみんなで仕上げた土壁制作

毎週末に行われる直売イベント。販売管理にITが活用される

農業関係者の集いでの即興コンサート

045

平面図スケッチ　S=1:100

所在地｜宮城県岩沼市	建主｜インフォコム
設計者｜伊東豊雄建築設計事務所	敷地面積｜406.47㎡
構造設計者｜佐々木睦朗構造計画研究所	建築面積｜93.6㎡
設備設計者｜エービル	延床面積｜73.44㎡
施工者｜今興興産、熊谷組（施工監修）	階数｜地上1階
完成時期｜2013年7月	構造｜木造
主要用途｜事務所兼集会所	

046　第3章　みんなの家、東北から

❽ HOME-FOR-ALL IN KUGUNARIHAMA, OSHIKA PENINSULA, ISHINOMAKI
牡鹿半島十八成浜のみんなの家

設 計　スタジオ・ムンバイ＋京都造形芸術大学城戸崎和佐ゼミ
竣 工　2013年7月
所在地　宮城県石巻市

　かつては鳴き砂で有名な海水浴場であった十八成浜は、民宿や商店が並んでいた海辺の集落が跡形もなく消えたままの空地となっている。この空地の背面の高台に残された神社の前に、東京国立近代美術館に2012年夏から9カ月間展示されていたスタジオ・ムンバイの「夏の家」を移設して、「みんなの家」とすることとなった。

　移設は、京都造形芸術大学城戸崎和佐ゼミの学生が中心になり、2013年5月末に美術館から解体・搬出・移送を行い、7月半ばに十八成浜でクレーンを使った設置・組立を行った。

　小さな三つのフォリーは、住民が未来を語らい、海のめぐみを分配し、下校途中の児童が遊ぶ場として使われ、2017年秋に住民の高台移転に伴い、「みんなの家」も高台の公園へ移設されることが決まった。

高台の白山神社を背景に三つのフォリーが並ぶ。左からPavilion Swing、Pavilion Tower、Pavilion Long　　© 川村麻純

Pavilion Towerの2階は十八成浜に沈む夕陽の方角を向いている　　　© 川村麻純

東京国立近代美術館から人力で搬出

十八成浜での設置は2日間かけて行った

京都からの学生、山形と東京からのボランティア

最終的な配置は現地で住民とともに検討した　© 川村麻純

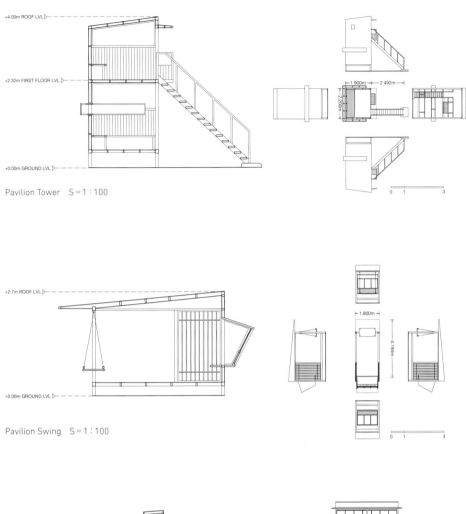

Pavilion Tower　S＝1：100

Pavilion Swing　S＝1：100

Pavilion Long　S＝1：100

所在地｜宮城県石巻市
設計者｜スタジオ・ムンバイ、京都造形芸術大学城戸崎和佐ゼミ
施工者｜京都造形芸術大学城戸崎和佐ゼミ、ウエダ広芸、シェルター
完成時期｜2013年7月
主要用途｜休憩所
建主(管理)｜石巻市十八成浜行政区
延床面積｜Pavilion Tower：10.17㎡、Pavilion Swing：7.54㎡、Pavilion Long：5.31㎡
構造｜木造

❾ HOME-FOR-ALL FOR FISHERMEN IN KAMAISHI
釜石 漁師のみんなの家

設 計 伊東豊雄建築設計事務所＋アトリエ・天工人＋Ma設計事務所
竣 工 2013年10月
所在地 岩手県釜石市

「釜石 漁師のみんなの家」は、人々が集い活動を行う母屋と、半屋外の休憩スペースであるバーレーンの漁師小屋の2棟で構成されている。バーレーンの漁師小屋は、2010年のヴェネチア・ビエンナーレ国際建築展で金獅子賞を受賞し、その後、東京都現代美術館でも展示された。

この漁師小屋を釜石に移築し、みんなの家として漁業復興の拠点とすることを目標として、冬でも暖かく過ごすことができる母屋を新たに設計し、これに併設する形で、バーレーンの漁師小屋は生まれ変わることとなった。漁業関係者の集まりの場としてだけでなく、漁業体験や販売の拠点として活用されることが想定された。

全国から集まったボランティアと地元の方たちが、建設の作業に協力した。外壁は、釜石産の土を用いて土壁を塗り、屋根は、1枚1枚剥いだ杉皮で葺いた。内部は、珪藻土の漆喰を塗り、釜石産のペレットストーブ、大谷石の囲炉裏が中心に据えられた大きなテーブルが置かれた。

2017年末現在、仮設水産組合の敷地から、恒久的施設として釜石港の中心部に移築が予定されている。

バーレーンの漁師小屋（左）と母屋（右）

地元漁業関係者との打合せ

移築されたバーレーンの漁師小屋　　© 中村 絵

ボランティアによる屋根材の杉皮むき作業

上棟式の様子

囲炉裏テーブル　　　　　　　　　© 中村 絵

囲炉裏テーブルを囲んで

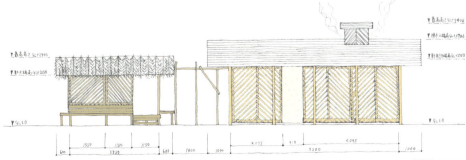
立面図スケッチ

所在地｜岩手県釜石市
設計者｜伊東豊雄建築設計事務所、アトリエ・天工人、Ma設計事務所
構造設計者｜佐藤淳構造設計事務所
施工者｜熊谷組、ホームビルダー（木工事）、堀間組（仮設工事・基礎工事）イズミ空調（衛生）、坂本電気（電気）
完成時期｜2013年10月
主要用途｜集会所
建主｜帰心の会
運営｜釜石漁連、新浜町仮設水産組合、東北開墾
敷地面積｜78.33㎡
建築面積｜39.84㎡
延床面積｜32.56㎡
階数｜地上1階
構造｜木造

平面図　S＝1：100

052　第3章　みんなの家、東北から

⑩ HOME-FOR-ALL IN OYA, KESENNUMA
気仙沼大谷のみんなの家

設計 Yang Zhao＋Ruofan Chen＋Zhou Wu＋妹島和世（アドバイザー）＋渡瀬正記（ローカルアーキテクト）
竣工 2013年10月
所在地 宮城県気仙沼市

「気仙沼大谷のみんなの家」は地元集落のための漁港にあり、漁の前後の作業場や、休憩所、あるいは集落の人々のコミュニケーションの場所として使われている。

117㎡の屋根の下のスペースのほとんどは外気に開かれていて、天井の真ん中に開いた三角形の穴からは空が覗く。建物は周囲の環境に開いた透明性をもつ一方で、内側には地元の人々が集うのに適した屋根付きの屋外スペースを内包している。

屋根の下のドームのような空間はヒノキ合板の天井の質感と相まって、温かみのある守られた雰囲気をつくり、同時に屋根を支える部分の透明性は周囲に対して開いた場所の性格をつくる。暗いうちは建物の明かりが外に溢れ、灯台のように漁から帰る人々を港で出迎える。

港からみる外観 © Hisao Suzuki

三角形の穴のあいた屋根で覆われた空間　　　　　　　　　　　© Jonathan Leijonhufvud

北東から見る　　　© Jonathan Leijonhufvud

漁のあとの作業風景　　　© Hideki Shiozawa

完成セレモニーの様子　　　© Jonathan Leijonhufvud

住民との意見交換会の様子　　　© Toshiaki Takahashi

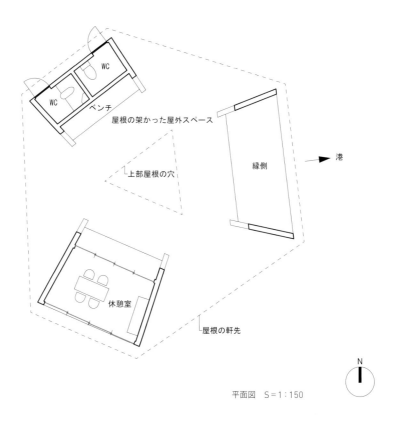

平面図　S=1:150

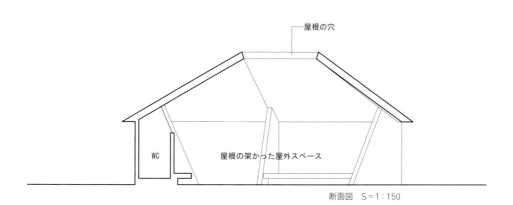

断面図　S=1:150

所在地｜宮城県気仙沼市
設計者｜Yang Zhao、Ruofan Chen、Zhou Wu、妹島和世（アドバイザー）、渡瀬正記（ローカルアーキテクト）
構造設計者｜浜田英明
施工者｜鉄建建設、髙橋工業
完成時期｜2013年10月

主要用途｜休憩所、作業場
建主｜帰心の会
敷地面積｜419.21㎡
建築面積｜93.45㎡
延床面積｜93.45㎡
階数｜地上1階
構造｜鉄筋コンクリート造＋一部鉄骨造

055

⑪ HOME FOR ALL IN KAMAISHI
釜石 みんなの広場

設　計 伊東豊雄建築設計事務所
竣　工 2014年4月
所在地 岩手県釜石市

　釜石市立鵜住居小学校と釜石東中学校は、3.11の津波で3階まで浸水し、しばらくの間、子どもたちは校舎から3kmほど内陸に入った仮設校舎へバスで通う学校生活を余儀なくされていた。釜石で4棟目となる「みんなの家」は子どもたちのスポーツ活動を支援することを目的として、Nikeからの寄付と慈善団体Architecture for Humanityの協力によってこの仮設校舎のグラウンド内に計画された。

　校舎は奥深い山に囲まれた谷あいにあり、その山が少しだけ開けたところにつくられたグラウンドでは野球部やサッカー部が練習する声が響いていた。

　2階に、野球部が投球練習に使ったり試合観戦もできる長さ22mの開放的なテラス空間をつくることで、周囲の青々とした山々を眺めることができる開放的なステージをつくった。

　1階は倉庫やロッカールーム、トイレ、そして試合後のミーティングやお母さんたちの集まりにも利用できる休憩室となっている。

グラウンドとクラブハウス。学校の部活動や地元チームにひんぱんに利用されている

鳥瞰イメージ

設計段階のワークショップ。どんな建物なら楽しいか子どもたちに聞き取りをした

設計を進めるなかで、何度か小中学校の子どもたちに集まってもらい、模型を見せながらどんな場所がほしいか話し合ってもらった。竣工式の日には少年野球チームの子どもたちに集まってもらい、式の後にイベントとして2階のテラスでマウンドのお清めと始球式を行った。

始球式　　　© Architecture for Humanity

竣工式での集合写真　© Architecture for Humanity

057

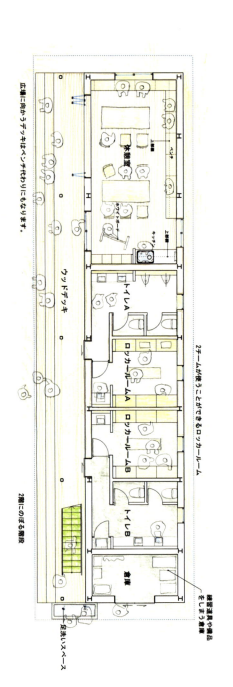
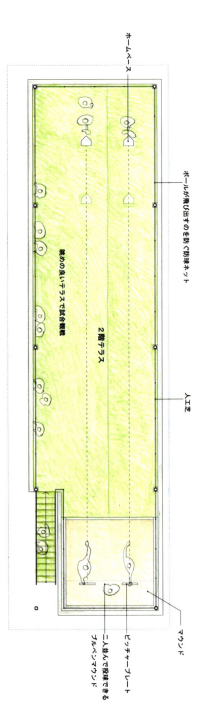

所在地	岩手県釜石市
設計者	伊東豊雄建築設計事務所
構造設計者	佐藤淳構造設計事務所
設備設計者	エービル
施工者	熊谷組
完成時期	2014年4月
主要用途	クラブハウス
建主	釜石市、Nike（資金提供）、アーキテクチャー・フォー・ヒューマニティ（企画運営）
敷地面積	11,155.63㎡
建築面積	121.99㎡
延床面積	207.75㎡
階数	地上2階
構造	鉄骨造

⑫ HOME-FOR-ALL IN TSUKIHAMA, MIYATOJIMA
宮戸島月浜のみんなの家

設計 妹島和世＋西沢立衛／SANAA
竣工 2014年7月
所在地 宮城県東松島市

　宮戸島月浜の元公民館跡地に、漁業や観光の起点ともなる、作業所と休憩所を兼ねた「みんなの家」をつくった。ひらひらと動きのある屋根をギリギリまで低く抑えることで、夏は涼しい南風を通し、冬は建具とともに冷たい北風を防ぐ計画とした。また、ふたつのレールを上下する木の母屋は、1枚の屋根の中で光の入り方や居場所に変化を与えている。

　朝は漁師が軽トラックを乗り付け、昼になる頃にはおじいさんたちが砂浜を眺めてゆったり過ごす。夕方にはまた漁師が戻ってきて酒盛りが始まり、朝を迎える。かつてこの場所にあったいきいきとした浜の風景がこの「みんなの家」をきっかけに再び広がっていくことを期待している。

夏は海水浴場の事務局となる

海を望む「宮戸島月浜のみんなの家」

059

鉄骨フレームに木の梁がかかる

漁師さんたちの作業風景

体験学習の様子

060　第3章　みんなの家、東北から

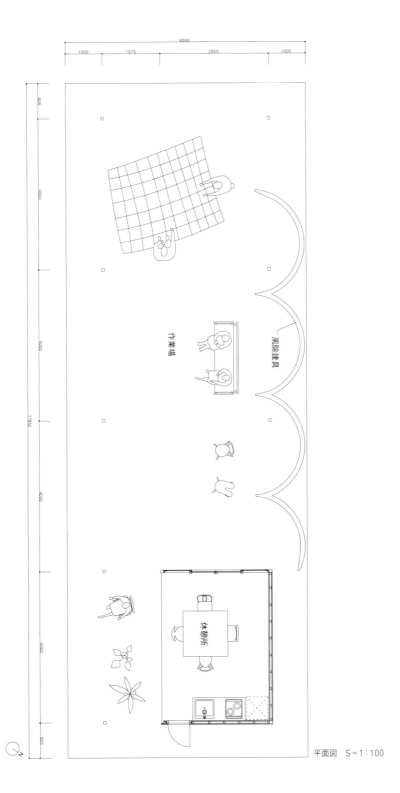

平面図　S＝1:100

所在地｜宮城県東松島市
設計者｜妹島和世＋西沢立衛／SANAA
構造設計者｜佐々木睦朗構造計画研究所
施工者｜シェルター、小澤建材（屋根）、こあ（鉄骨）

完成時期｜2014年7月
主要用途｜漁業用の作業場、休憩所
建主｜月浜海苔組合、月浜鮑組合
敷地面積｜232㎡

建築面積｜72㎡
延床面積｜72㎡
階数｜地上1階
構造｜鉄骨造

⓭ HOME-FOR-ALL FOR CHILDREN IN SOMA
相馬 こどものみんなの家

設 計 伊東豊雄建築設計事務所＋クライン ダイサム アーキテクツ
竣 工 2015年2月
所在地 福島県相馬市

「相馬 こどものみんなの家」は、子どもたちを安心して遊ばせる場所がほしいという相馬市の願いから、Tポイント・ジャパンの呼びかけにより実現した。

子どもたちが自由に走りまわれる円形のプランにふわりと舞い降りた「麦わら帽子」のような屋根は、20×120 mmのカラマツ材をつないだ長尺材を60度の角度をつけながら9レイヤ重ね合わせた構造となっている。

屋根を支える3本の柱は鳥やリスなどのモチーフと一体になった樹の形で、外の空間のイメージを内部へとつなげる。外壁は杉板材を紅白のストライプにし、サーカステントが公園にやってきたような、ひと目で元気が湧くデザインとした。

相馬市の管理のもとで様々な親子向けのプログラムが行われ、いつも笑顔に溢れた空間となっている。

大屋根に包み込まれた大空間　　　本見開きの©記載のない写真はすべて© Koichi Torimura

親子が楽しめるイベントがたくさん開催されている

歌手の土屋アンナ氏が竣工式に出席
© Klein Dytham architecture

紅白のストライプ柄の外壁が緑に映える

屋根は20×120mmのカラマツ材が9層のレイヤーで重ねられている

子どもたちが集まる内部空間には、イームズのチェアが並ぶ

鳥やリスなどの動物で遊び心を

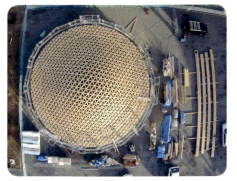
麦わら帽子をイメージした屋根 © Klein Dytham architecture

サーカステントが公園にやってきた！

063

平面図　S=1:200

断面図　S=1:100

所在地｜福島県相馬市
設計者｜伊東豊雄建築設計事務所、クライン ダイサム アーキテクツ
構造設計者｜Arup
設備設計者｜Arup
施工者｜シェルター、浜島電工（空調）、大場設備（設備）、旭電設工業（電気）
完成時期｜2015年2月
主要用途｜休憩所
建主｜Tポイント・ジャパン
敷地面積｜19,807.78㎡
建築面積｜176.63㎡
延床面積｜152.87㎡
階数｜地上1階
構造｜木造

064　第3章　みんなの家、東北から

⑭ PLAYGROUND-FOR-ALL IN MINAMISOMA
南相馬 みんなの遊び場

設　計 伊東豊雄建築設計事務所＋柳澤潤／コンテンポラリーズ
竣　工 2016年5月
所在地 福島県南相馬市

　2014年7月に伊東豊雄さんと敷地を見に行ったときに、隣の小学校のグランドには誰もおらず、体育館でみな遊んでいた。また、すぐ近くの幼稚園のグランドはすべて人工芝で覆われていた。

　震災から3年が経ったにも関わらず、未だに地域の人々の心には放射能の脅威が残っている。そう強く実感した瞬間だった。

　こうした状況下で、子どものためのインドアの砂場を設計することになった。私たちはここに誰にでもわかりやすい、親しみがもてるサーカス小屋のような屋根形状をした親子屋根を提案した。二つの大屋根の下では力強さと繊細さが同居した木造の架構が、柔らかく子どもたちを包む。外のデッキでは子どもがぐるぐる走りまわっている。「きぼうの絵馬」に描かれた子どもの夢を読むのもとても楽しい。この「みんなの遊び場」が地域の人々にとって心の拠り所となることを切に願っている。

内観。2つの大屋根に包まれたひょうたん型の砂場で遊ぶ子どもたち

東側外観。奥の小学校、幼稚園から親子屋根が望める

「きぼうの絵馬」が壁面に並ぶ

子どもたちによる外壁塗装ワークショップ

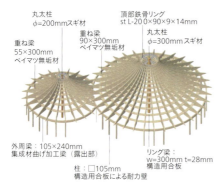

構造アクソメ

　建設中には子どもたちと外壁塗装のワークショップを行い、これから「みんなの家」となる建物への愛着が湧き、自分たちの手で末永く使っていけるようなきっかけをつくった。

　また復興への歩みを少しでも地域の方々、そして世界中の人々と共有するために、竣工後には建物の平面形状のシルエットをかたどった「きぼうの絵馬」を来館者に渡して、復興への願いを書いて建物の外壁に飾るようにしている。子どもからお年寄りまでみんなの想いが重なり大きな力となり、南相馬の明るい未来をつくっていくことになるだろう。

断面図　S＝1：200

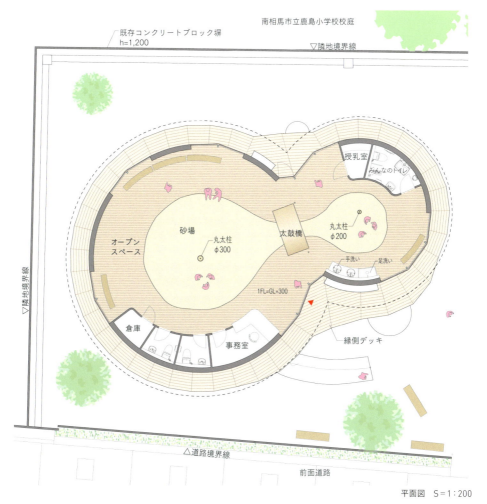

平面図　S＝1：200

所在地｜福島県南相馬市	主要用途｜児童厚生施設（子どもの遊び場）
設計者｜伊東豊雄建築設計事務所、柳澤潤／コンテンポラリーズ	建主｜Tポイント・ジャパン
	敷地面積｜697.82㎡
構造設計者｜鈴木啓／A.S.Associates	建築面積｜171.37㎡
設備設計者｜柿沼整三／ZO設計室	延床面積｜153.34㎡
施工者｜シェルター、浜島電工（空調）、大場設備（設備）、旭電設工業（電気）	階数｜地上1階
	構造｜木造
完成時期｜2016年5月	

067

矢吹町のみんなの家

HOME-FOR-ALL IN YABUKI

設　計 長尾亜子＋腰原幹雄＋矢吹町商工会（太田美男＋国島賢）
竣　工 2015年7月
所在地 福島県西白河郡矢吹町

「矢吹町のみんなの家」は福島県中通りにある。東日本大震災は内陸部の被害も大きく、矢吹町の建物被害は全壊から一部損壊も含め4,700棟。「みんなの家」は町の中心部に憩いの場として計画され、設計から施工まで矢吹町商工会員の有志とともに進めた。広場と憩いの庭、二つの場所をつなぐとんがり屋根が「みんなの家」である。多角形の休憩所（トイレ）は地元チームが、四阿は東京チームが担当。照明や設備、左官やタイル、木工事、塗装など、それぞれの技能をもち寄ってつくりあげた。また、パーゴラやガッチャンポンプ付き井戸のある奥の庭は地元の有志により設られている。小学生から大人まで立ち寄る"まちの庭"となっている。

日差しを避けたり、雨宿りをしたり。まちなかの休憩場所になっている　　　© 浅川 敏

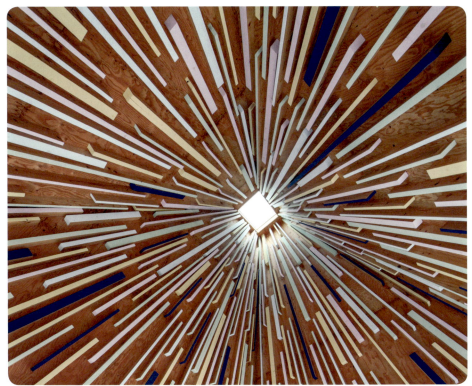

不連続垂木は3種類の断面形状で、子どもでも持てる大きさ。一つひとつは小さくても力を合わせると大きな力になる
© 浅川 敏

地元の有志により花や植栽の手入れがされている　© 浅川 敏

とんがり屋根の中の塗装された垂木がみえる　© 浅川 敏

子どもたちと一緒に垂木の塗装ワークショップ

069

所在地	福島県西白河郡矢吹町	完成時期	2015年7月	平面図　S=1:100
設計者	長尾亜子、腰原幹雄、矢吹町商工会（太田美男、国島賢）	主要用途	休憩所、庭	
構造設計者	腰原幹雄、kplus	建主	矢吹町商工会	
施工者	平成工業、白岩左官工業、よしなり塗装店、根本設備工業、伊藤電設工業、太田工業（矢吹町商工会会員によるJV）	敷地面積	366.74㎡	
		建築面積	31.9㎡	
		延床面積	31.9㎡	
		階数	地上1階	
		構造	木造	

070　第3章　みんなの家、東北から

16 HOME-FOR-ALL IN SHICHIGAHAMA / KIZUNA HOUSE

七ヶ浜みんなの家　きずなハウス

設　計　近藤哲雄建築設計事務所
竣　工　2017年7月
所在地　宮城県宮城郡七ヶ浜町

　震災により遊び場を失ってしまった子どもたちのために、NPO法人レスキューストックヤードによって運営されていた「きずなハウス」。そのきずなハウスの存続を願う子どもたちや町民たちのために、この「みんなの家」はつくられた。生涯学習センターの一角という立地のよさと敷地の広さを生かし、町民みんなに自分の場所だと思ってもらえるような、そして、室内だけでなく敷地全体が「みんなの家」と呼べるような場所をつくった。町民の方々と一緒に樹木の種や苗を植え、畑を耕し、広場をならしたりして、いまも少しずつ未来に向けてつくり続けてる。子どもたちとともにのびのびと育っていくような「みんなの家」になってほしいと願っている。

オープニングの日の全景。500人を超えるたくさんの人たちが集まった

071

上／数年後の予想図。よりよい場所になるよう、みんなで少しずつつくっていく　中／室内も広場も自由に行き来して一体的に使えるように、明るく開放的なつくりにした　下／鉢に絵を描いて寄せ植えをした

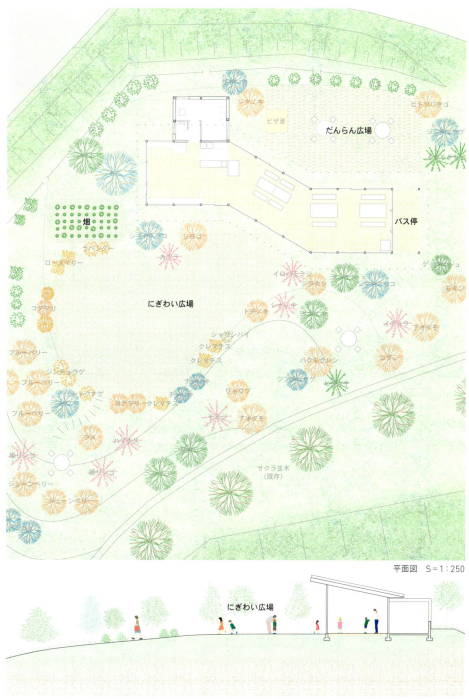

平面図　S＝1：250

断面図　S＝1：250

所在地	宮城県宮城郡七ヶ浜町	**主要用途**	子どものための遊び場
設計者	近藤哲雄建築設計事務所	**企画運営**	レスキューストックヤード
構造計画者	金田充弘、櫻井克哉	**敷地面積**	1232.15㎡
環境設備計画者	清野 新	**建築面積**	89.67㎡
外構設計者	グリーン・ワイズ	**延床面積**	87.99㎡
施工者	シェルター	**階数**	地上1階
完成時期	2017年7月	**構造**	木造

建築家インタビュー ❶

© Luca Gabino

有機的な形で建築が現れてくる、その媒介として建築家がいる

平田晃久
平田晃久建築設計事務所主宰　京都大学准教授

「陸前高田のみんなの家」は、最初の場所で役割を終えて、いま解体されて倉庫にあります。現地のかさあげ計画が、当初の予定より高くなることになって、「みんなの家」も町の真ん中に移築されることになりました。

何もかもが思った通りにいったわけではないけれど、そこでやったことや学んだことを、次に活かしたいという気持ちが強くあります。わずかな時間だったとしても、震災後のある一定の時期に「みんなの家」のような場所が必要だと考えた人々がいて、複数の人と一緒に、自分もちゃんと関わったと思えるものができた経験は大きかった。公共建築をつくるときに、設計をする自分たちだけで案を考えるのではなくて、少しでも実際に使う人を巻き込みながらつくることができたら、と思うようになりました。

東日本大震災が起きたとき、建築家として何ができるかと考えていたけれど、どうしていいかわからない。そんなときに伊東さんからお声がけいただいて、乾久美子さんと藤本壮介さんとコラボレーションの設計で、陸前高田出身の写真家の畠山直哉さんと、陸前高田に「みんなの家」をつくろうということになりました。そのプロジェクトはヴェネチア・ビエンナーレ国際建築展に参加することも決まっていたので、建築としても面白いものをつくらなければ、という気持ちもありました。同時に被災地に対してできることは何かと考えると、やりがいはあるけれども複雑な状況で、当初は3人のなかで空回りしていました。

年を越して、2012年になってもう一度、3人で陸前高田に行きました。建設予定地は30軒くらいが集まる仮設住宅の集落で、リーダーの菅原みき子さんに再会しました。すると菅原さんが、ここではない違う敷地を探し

てきたとおっしゃった。陸前高田の町が津波で失われたときに、いちばん大きな中学校の体育館にみんな避難して、ぎゅうぎゅう詰めだったけれども、それまで顔も知らなかった人と仲良くなって、それぞれ支え合う日々はある意味で楽しかった。でも仮設住宅に移るときにバラバラになってしまい、さらにまた仮設住宅から本設の住宅に移ることでバラバラになることになっている。仕方のないこととはいえ、精神的にはかなりきびしい状態なので、バラバラになった人たちが、体育館で集まっていたころのようにもう一度会える場所が、体育館の近くの、陸前高田が見渡せる高台にあったらいい。だから敷地を変更したい、という話だったんですね。それはとても説得力のある設定でした。僕たちがやっていたのは、狭いフィールドのゲームみたいなことで、そんなことじゃないんだなと強く考えさせられました。

建築が、最も原初的にできていく過程に立ち会ったような気がしました。最初にプログラムがあって形に移し替えるのではなく、どこにつくるかも含めて、その人たちがどう集まりたいのか、どういう集まりを必要としているか。そこから一緒に立ちあがっていくことに感銘を受けました。もう一度3人で、原点から考えようということになりました。

それぞれの個性の表出やアイデアよりも、そこにどういうものがあるとふさわしいかの議論をひとつずつ積み上げていって、ここまでは共有できるよねというのを段階ごとに固定するように話が進んでいきました。そうすると3人でやっていても、ある程度、共同作業だといえるようになっていきましたし、3人の共通点だけ最大公約数に取ったようなコラボレーションではなく、いろんな人がい

ることでより深い考えがひとつのものに入っていった。そこに町の人との対話もある。山の木を伐ること、木を使うことひとつにしても、伐らせてもらう山林の持ち主がいて、きこりの人がいて、いろんな人に出会っていく。陸前高田のご実家を津波で流されて、お母様を亡くされた畠山さんもいる。そのプロセスを通して、建築は本来こういう風にできるものなんだな、というのを実地で体験しました。誰かが強く何かを主張するわけではなく、もっと有機的な形で建築が現れてくる。そこに媒介として建築家が関わっていく。ヴェネチア・ビエンナーレという、まったく被災地とは関係ないものも、全部が切り離せない連なりとして形になっていきました。

2016年12月に、コンペで選ばれて設計した「太田市美術館・図書館」が竣工しました。群馬県の太田市は自動車のスバル（富士重工）で有名な町ですが、駅前にはほとんど人が歩いていない。みんな車で移動して、目的地から目的地に移るだけで、外には全然出ない。そんな状況に、町の人も危機感をもっていて、駅前を何とかしたいと始まった計画でした。津波で一瞬にしてなくなってしまった町と比べられないけれど、どこか似ていると思いました。町がだんだん死んでいく。放っておくと確実に死が進行していく、そういう冷んやりとした感じが市の人たちに共有されていました。

コンペで案は出したけれど、骨子は守ったままでいろんな組みかえはできるので、段階ごとに町の人とワークショップを開いて協議して決めていきました。決めたことは前提として次に進む。これまでのワークショップや説明会のように、すでに決まった案を説明して納得してもらうのではなく、妥協点を見つける議論でもない。危機感が共有されているので、何をどうしたらいいか町の人と真剣な議論ができました。それはすごく面白かった。普通は自分たちの事務所のなかで、町の人はどう思っているだろうか、この町はどんなだろうと想像して議論して設計するわけです。それも必要ですが、町にどんな風が吹くかもわかっている本物の町の人たちと議論するので、リアリティがある。しかもそのことで、建築が逞しくなったというか、面白くなった。

「太田市美術館・図書館」（2017）。群馬県太田市の東武線太田駅の駅前広場に面する。市民が運営するカフェや、自動車部品工場の技術を活かして家具を製作するなど、地域の人の関わりを大事につくっている
© daici ano

建築を建築家だけで考えて、世の中と接点をもたないでいると、距離ができて不信感につながる。それが積もり積もって、いまの日本の社会の、建築と一般社会との乖離が生まれたともいえます。災害が起こっても、建築家が介在することを求める声は、被災地からは聞こえてきませんでした。これから先、公共の仕事のなかで、建築に何ができるか、本当に望まれているものに対して一つひとつ丁寧に関わっていくしか、信頼感を取り戻す方法はないと思うようになりました。そんなに楽な話ではないけれど、でもそこに希望というか、手がかりを見いだすことはできる。建築として面白いことと、多くの人に愛される場所であることは、決して矛盾したものではなく共存できる。建築は生活そのものに関わっていることだから、建築家だけのものではないし、町の人ももっと関心をもたなければならないと思うんです。だからこそ実際につくることを通して、町と建築との関係が、いろんなレベルでつながっていくことが、面白くそして大事なのではないかと思います。

平田晃久（ひらた・あきひさ）
1971年大阪府生まれ。94年京都大学工学部建築学科卒業。97年同大学大学院工学研究科修了。伊東豊雄建築設計事務所勤務の後、2005年平田晃久建築設計事務所を設立。15年より京都大学准教授。主な作品に「桝屋本店」「sarugaku」「alp」「Kotoriku」「太田市美術館・図書館」など。第19回JIA新人賞（2008）、Elita Design Award（2012）、第13回ベネチア・ビエンナーレ国際建築展金獅子賞（2012　伊東豊雄・畠山直哉・他2名との共同受賞）、日本建築設計学会賞（2016）ほか受賞多数。

075

建築家インタビュー❷

自分の態度を変えるだけで、
町との関わりはこんなに変わる

大西麻貴

大西麻貴+百田有希/o+h共同主宰　横浜国立大学大学院Y-GSA客員准教授

「東松島 こどものみんなの家」の現場が始まって半年くらい、建設予定地の仮設住宅をひとつお借りして、住みながら現場を見ていました。毎日やることがあるわけではないので、現場の掃除をしたり、地元の方と一緒に飲んだり、大工さんに豚汁を差し入れたり、現場に遊びにくる子どもたちと遊んだり。そのことで、いろんな人の生活のなかに建築が建ちあがっていく様子を、リアルタイムに感じることができました。

実際に仮設住宅に暮らしてみてビックリしたのは、隣の部屋のタッパーを開ける音も聞こえるくらい、音が筒抜けなこと。小さいお子さんがいる家だと、子どもが泣いちゃうと周りに迷惑をかけている気がする、だから子どもたちが気兼ねなく遊べる場所がほしいとおっしゃっていたのが、リアリティをもって伝わってきました。住人の方の還暦パーティーをするにも、震災以前なら自分の家に招けばよかったけれど、仮設住宅ではできない。そういうときに「みんなの家」でやったらいいんじゃないか、というアイディアをいただいたり。誰もがみんなで集まれる場所が、生活にとって本当に大切だということを実感しました。

建築家とクライアントという以前に、人間と人間の関係として、この場所はどうあるべきか、お互いがそれぞれの能力を活かして場所をどうつくっていくかを考えるのが面白かった。地域の人のなかに、とりあえず飛び込んでやってみる、初めての経験でした。

震災のあとに東北から帰ってくるまで、それまでタクシーの運転手さんと話したこともなかったし、町を歩いている人、すれ違う人に無関心で、その人に話しかけようなんて思ったこともなかった。でも東北に行った瞬間に、町を歩いているおばちゃんに「どうでしたか？」といきなり質問したりしている。初めて会う人と親しく話をしたり、聞いたり、自分のことも話したり。それってすごく不自然だなという気がしました。だったら東京にいるときも、話しかけたらいいんじゃないかと思ったんです。たとえばタクシーの運転手さんや、喫茶店で隣になった人とか、よく話すようになりました。

建築家がいろんな人をつないでいく立場なのであれば、いま自分が仕事をしている東京でも、自分たちのローカルな場所をこそもつべきじゃないのかというのは、震災の後から感じるようになりました。そのころは、事務所が中目黒のマンションの5階でしたが、そこから日本橋浜町の元ガレージだったところに移りました。元ガレージなので、ガラス戸の入った建具がそもそもない。八百屋さんみたいに、扉を開けっ放しで仕事をしています。そうすると、ふらーっと子どもが入ってきて、この模型はなんなんだと聞かれたり。道をたずねられたり。直接話しかけなくても、なんかやっているのはわかる。この

奈良県香芝市の「グッドジョブセンター香芝」。多様な居場所をつくることを考えて、みんなで居られる場所、一人で作業ができる机、ソファの休憩コーナーなどがワンルームのなかにある

日本橋浜町の大西麻貴＋百田有希/o+hの事務所。元ガレージだったので、通りに面して建具がない。常にオープンな状態で仕事をしていると、思いがけない客が来る

前、トラックが事務所の前でバンっと止まって、知らないおじさんから「発泡スチロールいるか？」って声かけられました。「あ、いります！」みたいになって。梱包に使う発泡スチロールを、ここならいるだろうと思ってくださったらしく、置いていってくださいました。みんなで「わー、ありがとうございます！」ともらったりして。自分の態度を変えるだけで、町との関わりはこんなに変わるんだなって。ここに移ってきたことは、震災を通して私たちが変わったことのひとつかなと思います。

　私の場合、震災が起こる2011年まで大学院に属している学生だったので、住宅のクライアントと出会って話すことはあっても、それ以外はものすごく抽象的ななかで、課題の設計に取り組んでいました。自分が行ったこともない土地の、自分のなかからだけ出てくる建築を考えるような毎日でした。震災後、プロジェクトが面白いとか面白くないかということが問題ではなくて、まずそこの人たちを好きになることや、その土地を愛することから出発するようになりました。建築を職業にするのであれば、取り組む姿勢は自分の生き方そのものになっていくのだから、自分が関わるものを愛することがすごく重要なんじゃないかと思っています。

　その後、2016年に奈良県香芝市にある「Good Job! Center KASHIBA」という、障害のある人の働く施設の設計をしました。どういう仕事でも、そこで起こっていることを楽しいと思ったり面白いと思ったり、そこにいる人を好きだなと思ったりすることから、設計が始まるようになった気がします。

　クライアントが素晴らしい人たちで、施設の理念は「違いを認め違いを大切にする」。「誰もが自分の可能性を信じて、自分の能力を最大限に発揮できる環境をつくる」というようなお話を伺いながら、何回も現場に行って、スタッフやメンバーのみなさんと一緒に時間を過ごしました。単に建築の話をするというよりは、一緒にいろいろな施設に見学に行ったり、デザイナーや研究者など様々な立場の人を巻きこんで「『Good Job! Center』とはどんな場であるべきか？」という議論をしたり。設計自体が運動になっていく。議論によって形が変化して、それによって自分の考えも変化して、どんどん変わっていきながらより面白くなっていくプロセスがありました。

　いまはまた、それが一周して、自分のなかで何が大事なのかを見つめ直すことも大切にしたいと思っています。対話をすることと、自分のなかを掘り下げること、その両方が必要なのではと感じます。建築家は、世間では自分勝手にやりたいことをやる困った人だと思われている側面もある一方で、当たり前のものではない、すごいものをつくって欲しいという期待もされている。すごいものとはそもそも何なのか。それを自分なりに、そしてみんなで、考えていきたいと思います。

大西麻貴（おおにし・まき）
1983年愛知県生まれ。2006年京都大学工学部建築学科卒業。08年東京大学大学院工学系研究科建築学専攻修士課程修了。同年より大西麻貴+百田有希/o+h共同主宰。11～13年横浜国立大学大学院Y-GSA設計助手。17年より同大学客員准教授。主な作品に「二重螺旋の家」「Good Job! Center KASHIBA」など。

chapter 4

第 **4** 章

みんなの家、熊本で

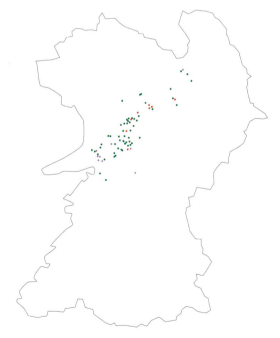

● ｢みんなの家｣規格型76棟
● ｢みんなの家｣本格型8棟
● ｢みんなの家｣プッシュ型　11棟
（2018年1月現在進行中のものを含む）

★ HOME-FOR-ALL IN ASO
阿蘇のみんなの家（高田地区、池尻・東池尻地区）

設 計 伊東豊雄＋桂英昭＋末廣香織＋曽我部昌史
竣 工 2012年11月
所在地 熊本県阿蘇市

　2012年7月に発生した熊本広域大水害で被災した方々のために、「阿蘇のみんなの家」が、高田地区と池尻・東池尻地区に、各1棟建設されることとなった。東北の「みんなの家」第1号の「宮城野区のみんなの家」で培ったノウハウを活かして、熊本県が取り組んだプロジェクトである。

　熊本県内で最初のみんなの家プロジェクトであり、仮設住宅のみんなの意見を聞きながらみんなで建設すること、県産木材を利用した木造であること、住民のみんなが望めば将来的にも再利用可能であることが、熊本県が掲げた重要な指標であった。住民からの要望として、子どもも大人も利用できること、高齢者のために段差がないこと、土足のまま入れること、気軽に利用できる場所であることなどの様々な意見が取り入れられた2棟のみんなの家である。

　仮設住宅の期間の終了に際し、高田地区と池尻・東池尻地区の2棟ともが、地元の要望によって再利用されるべく、前者は公民館として、後者は市営住宅の集会所として移設され、再利用されている。

高田地区 外観

高田地区 内観。高齢者でも使いやすいよう、段差をなくして畳と掘りごたつを設けた

池尻・東池尻地区 外観

農家の方々から土足のまま気軽に入りたいとの要望があり、土間と畳のスペースを設けた

高田地区
所在地｜熊本県阿蘇市
設計者｜伊東豊雄、桂英昭、
　　　　末廣香織、曽我部昌史
施工者｜新産住拓
完成時期｜2012年11月

主要用途｜集会所
建主｜阿蘇市
建築面積｜49.91㎡
延床面積｜42.97㎡
階数｜地上1階
構造｜木造

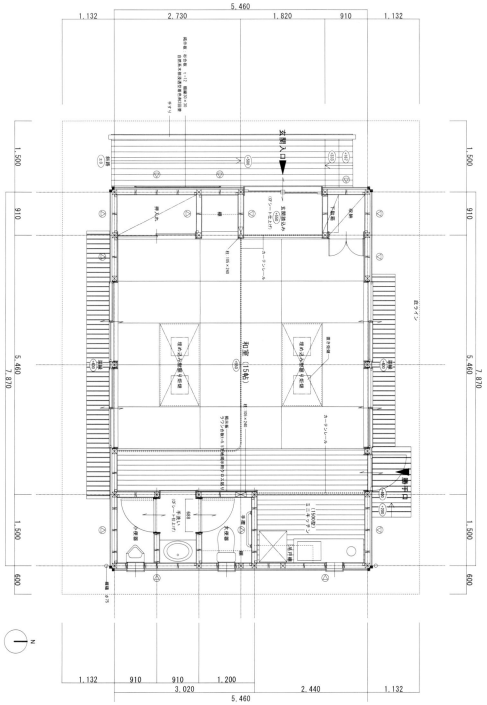

高田地区　　　　　　　　　　　　　　　　平面図　S=1:80

081

池尻・東池尻地区
所在地 | 熊本県阿蘇市
設計者 | 伊東豊雄、桂英昭、
　　　　　末廣香織、曽我部昌史
施工者 | シアーズホーム
完成時期 | 2012年11月
主要用途 | 集会所
建主 | 阿蘇市
建築面積 | 48.44㎡
延床面積 | 37.26㎡
階数 | 地上1階
構造 | 木造

池尻・東池尻地区　　　　　　　　　　　　　　平面図　S＝1：80

082　　第4章　みんなの家、熊本で

熊本のみんなの家〈規格型（集会所タイプ、談話室タイプ）〉

● HOME-FOR-ALL IN KUMAMOTO / STANDARDTYPE "GATHERING SPACE" AND "CONVERSATION ROOM"

|設 計| 伊東豊雄＋桂英昭＋末廣香織＋曽我部昌史
|竣 工| 2016年6月〜2017年2月
|所在地| 熊本県内に集会所タイプ28棟、談話室タイプ48棟

　東北の「みんなの家」の第1号であった「宮城野区のみんなの家」に、建設木材と資金を提供していただいたのが熊本県であった。2016年4月に発生した熊本地震では、東北や阿蘇の経験を活かして「みんなの家」が建てられることとなった。

　「みんなの家」に対する蒲島郁夫熊本県知事の深い理解と、くまもとアートポリスの長年のまちづくりへの取り組みの実績から、熊本県は、約4,000戸の仮設住宅のうち15％を木造住宅とし、仮設住宅内で約50戸に1棟の割合で木造の「みんなの家」を80棟以上建てる積極的な計画が進行した。

　実行計画の最初期段階から、行政と建築家、工務店などが一体となって、熊本に「みんなの家」がつくられることとなった。集会所タイプ（60㎡）や談話室タイプ（40㎡）は、仮設団地開設時に建設される「規格型みんなの家」として計76棟が完成し、仮設団地に住まい始めた住民、運営者と意見交換しながら設計を進める「本格型みんなの家」が計8棟、日本財団が資金提供して20戸未満の小規模団地に計11棟が引き続いて建設されることとなった。

規格型集会所タイプ 外観

規格型集会所タイプ 内観。日本舞踊教室の様子

規格型談話室タイプ 外観

規格型談話室タイプ 内観。日常的な利用のほか、体操教室などの健康増進活動や福祉活動にも利用されている

タイプ｜規格型集会所タイプ	**施工者**｜熊本県下の工務店各社	**建築面積**｜62.02㎡
所在地｜熊本県内に28棟	**完成時期**｜2016年6月〜2017年2月	**延床面積**｜59.62㎡
設計者｜伊東豊雄、桂英昭、末廣香織、曽我部昌史	**主要用途**｜集会所	**階数**｜地上1階
	建主｜熊本県	**構造**｜木造

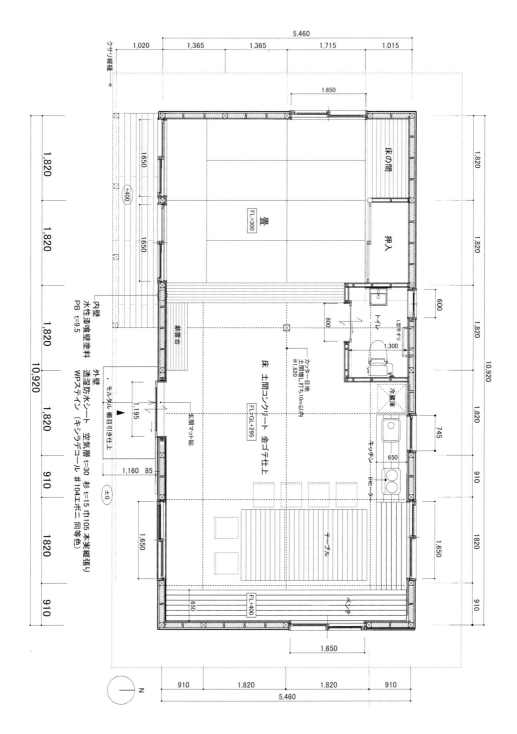

規格型集会所タイプ（60㎡）　　　　　　　　　　　　　　　　　　　　　平面図　S＝1：80

タイプ	規格型談話室タイプ	施工者	熊本県下の工務店各社	建築面積	49.02㎡
所在地	熊本県内に48棟	完成時期	2016年6月〜12月	延床面積	42.97㎡
移築設計者	伊東豊雄、桂英昭、末廣香織、曽我部昌史	主要用途	談話室	階数	地上1階
		建主	熊本県	構造	木造

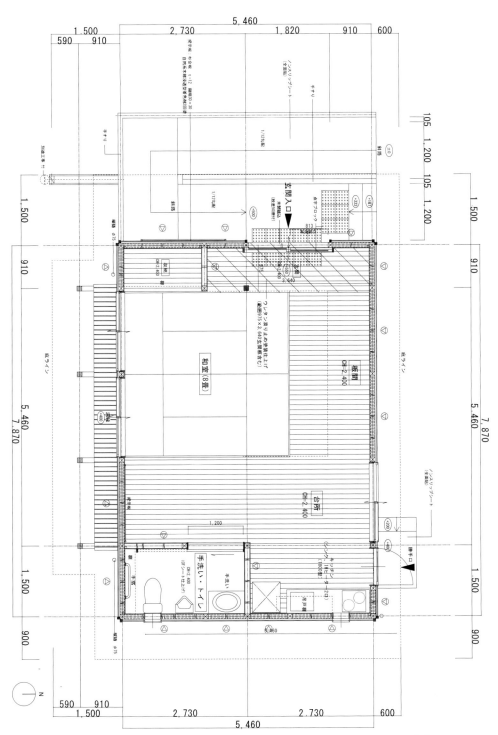

規格型談話室タイプ（40㎡）　　　　　　　　　　　　　　　　平面図　S＝1：80

❶ HOME-FOR-ALL IN SIRAHATA, KOSA
甲佐町白旗のみんなの家（集会所）

設 計 渡瀬正記＋永吉歩／設計室
竣 工 2016年10月
所在地 熊本県上益城郡甲佐町

　町営グラウンドに設けられた仮設住宅団地に建てられた白旗のみんなの家は集会所ではあるが、それが普段使いの共用の居間となることで、個々ではひどく手狭にならざるを得ない仮設住宅での生活のストレスを和らげ、団地全体のコミュニティーを紡ぎ出す場となることを意図している。

　白旗団地の住棟配置は真北に対しほぼ45度振れていて、平行に並んだ住棟のタテ糸に直交して団地内道路や歩行者路地といった共用動線のヨコ糸が編み込まれている。みんなの家の敷地は団地のほぼ中央の広場に位置している。

　私たちはヨコ糸である共用動線の軸線と平行に長く屋根を架け、みんなの家を前後の広場と歩行者路地に挟まれた場所とすることで、より立ち寄りやすくなるように計画した。細長いプランは同時に様々な活動を内包することができる。

広場から見る。ボランティアの学生と住民が協力してつくった花壇が広場と団地内の車道を区切り、子どもの飛び出しを防ぐ

デッキで遊ぶ子どもたち

黒板仕様の壁面に落書きが始まる

路地に張り出した縁台は座敷と連続して使われる

子どもたちともすっかり仲良くなったボランティアの学生

切妻屋根なりの天井の高い内部空間

路地のベンチを持ち寄って広場で盛り上がる住民

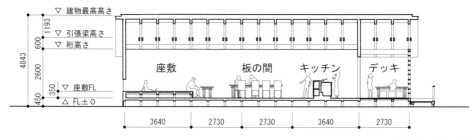
断面図　S＝1:200

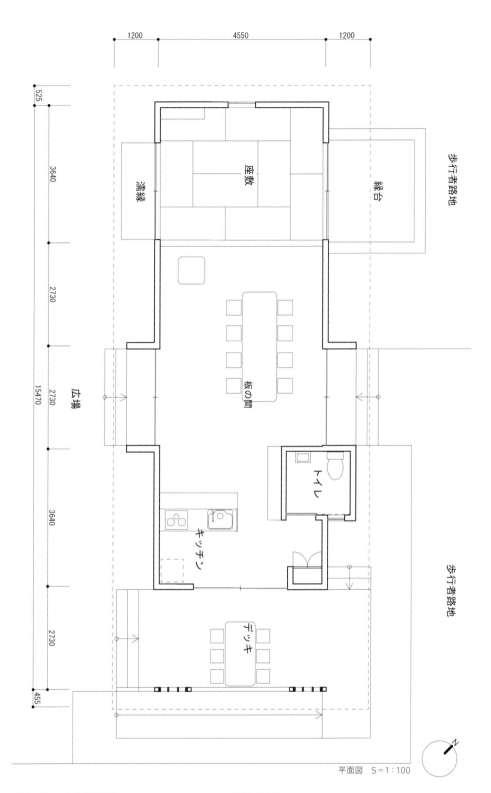

平面図　S=1:100

所在地｜熊本県上益城郡甲佐町
設計者｜渡瀬正記+永吉歩／設計室
構造設計者｜横山太郎+工藤智之／ロウファットストラクチュア
施工者｜千里殖産
完成時期｜2016年10月
主要用途｜集会所

建主｜熊本県
建築面積｜80.58㎡
延床面積｜75.84㎡
階数｜地上1階
構造｜木造

088　第4章　みんなの家、熊本で

❷ HOME-FOR-ALL IN HINOOKA, MINAMIASO
南阿蘇村陽ノ丘のみんなの家（集会所）

設　計　古森弘一＋白濱有紀／古森弘一建築設計事務所
完　成　2016年12月
所在地　熊本県阿蘇郡南阿蘇村

　設計段階のワークショップでは、住民が積極的で笑いが絶えなかった。そのワークショップのなかで何度も話題となった「食べる」という単純な行為に仮設コミュニティーの可能性を委ねた。

　まず、かつてこの地域で行っていたが、中断していた料理教室をいまだからこそ復活させたいと聞き、「大きなキッチン」を中心に据えた。そして、みんなでワイワイ食べるための「大きな縁側」をつくった。また、その縁側は、雨が降っても鍵がなくてもいつでも自由に使えるようにしているため、子どもたちの遊び場、小さな子どもと狭い家で塞ぎ込んでしまうというお母さんの居場所として活躍している。

　大きなキッチンを囲み、ご飯をつくり、広い縁側で食べる。単純な行為に支えられた普段使いの「みんなの家」ができた。

広場からみる「みんなの家」　　　　　　　　　　　© 針金洋介

オープニングでは住人と一緒に餅つきを楽しんだ

本ページの写真はすべて © 大森今日子

広場を挟んで仮設住宅と隣接する

ウチとソトをつなぐ大きな縁側

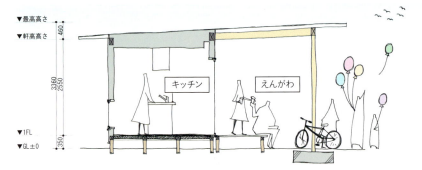

断面図　S＝1：100

所在地 | 熊本県阿蘇郡南阿蘇村
設計者 | 古森弘一+白濱有紀／古森弘一建築設計事務所
構造設計者 | 高嶋謙一郎／Atelier742
施工者 | エバーフィールド
完成時期 | 2016年12月
主要用途 | 集会所
建主 | 熊本県
建築面積 | 67㎡
延床面積 | 34㎡
階数 | 地上1階
構造 | 木造

平面図　S＝1：100

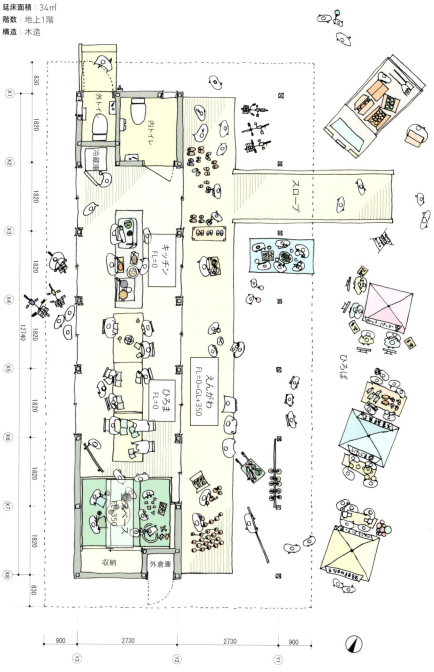

❸ HOME-FOR-ALL IN KOMORI 2, NISHIHARA
西原村小森第2のみんなの家（集会所）

設　計　大谷一翔＋柿内毅＋堺武治＋坂本達哉＋佐藤健治＋長野聖二＋原田展幸＋
深水智章＋藤本美由紀＋山下陽子／kulos
完　成　2016年12月
所在地　熊本県阿蘇郡西原村

　日本建築家協会九州支部熊本地域会推薦建築家として、地元建築家ユニットkulosが設計したみんなの家。設計条件として、切妻屋根と割り切り、建築家のやるべきことを限定することで、被災者に寄り添うことが求められた。その手法として縁側のある風景を写真で紹介し、暮らしの風景を住民とともにイメージしながら建築のカタチにした。壁のないスタディ模型から始まった意見交換会ではあったが開放性への理解が高く、鍵をかけなくてもいい、いつでも使えるみんなの家がよいという意見でまとまった。住民とともに考えてつくった「みんなの家」はいまも大切に使われ、復興後の移築の話まで出ている。地元建築家だからできるサポートをこれからも続けていきたい。

畳スペースと縁側・ベンチで囲まれた開放的な「みんなの家」　　　© 針金洋介

仮設住宅に囲まれた小森第2のみんなの家

前面の広場と一体的に使える

立ち寄りやすくなるよう縁側を外周に配置　© 針金洋介

室内ベンチは腰かけやテーブル代わりにもなる © 針金洋介

切妻の屋根を条件とし建築家のやるべきことを限定

暗い仮設住宅の暮らしに明りを灯す

設計前の住民意見交換会（青ビブスがkulos）

住民集会の風景。いまも大切に使われている

平面図　S＝1:100

所在地｜熊本県阿蘇郡西原村	主要用途｜集会所
設計者｜大谷一翔、柿内毅、堺武治、坂本達哉、佐藤健治、長野聖二、原田展幸、深水智章、藤本美由紀、山下陽子／kulos	建主｜熊本県
構造設計者｜黒岩構造設計事ム所	建築面積｜79.14㎡
施工者｜かずやハウジング	延床面積｜54.65㎡
完成時期｜2016年12月	階数｜地上1階
	構造｜木造

❹ HOME-FOR-ALL IN KOMORI 3, NISHIHARA
西原村小森第3のみんなの家（集会所）

設 計 山室昌敬＋松本義勝＋梅原誠哉＋佐竹 剛＋河野志保＋本 幸世
完 成 2016年12月
所在地 熊本県阿蘇郡西原村

「誰でも気軽に立ち寄れるようにしたい」などの意見を踏まえ、土足のまま入れる全面板土間案を採用したみんなの家。キャスター付きの置き畳や可動式の家具で自由なレイアウトができるようになっており、普段使いだけでなく、アート作品の展示会場や「肥後にわか」（熊本の伝統的な俄狂言）のステージとしても使われるなど、さまざまな形で利用されている。

また、隣接する店舗の利用者の動線も踏まえ、トイレは外部から利用できるように計画。集会のときなどもまわりの目を気にせず使うことができる。

春にはみんなの家から広場の桜を眺めることができ、芝生とデッキは子どもたちの遊び場となっている。

芝生広場から西側・南側のデッキをみる

2016年10月30日棟上げイベントでの餅投げ

2016年12月10日KASEIの学生と住民の方で芝貼り

内観。通常時のレイアウト

内観。イベントや集会時には自由にスペースを変えられる

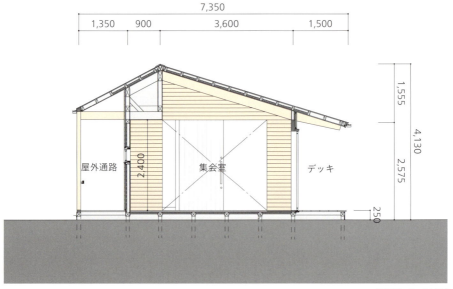
断面図　S＝1:100

所在地｜熊本県阿蘇郡西原村
設計者｜山室昌敬、松本義勝、梅原誠哉、佐竹 剛、河野志保、本 幸世
構造設計者｜谷口規子
設備設計者｜山田大介
施工者｜グリーン住宅
完成時期｜2016年12月
主要用途｜集会所
建主｜熊本県
建築面積｜77.03㎡
延床面積｜56.92㎡
階数｜地上1階
構造｜木造

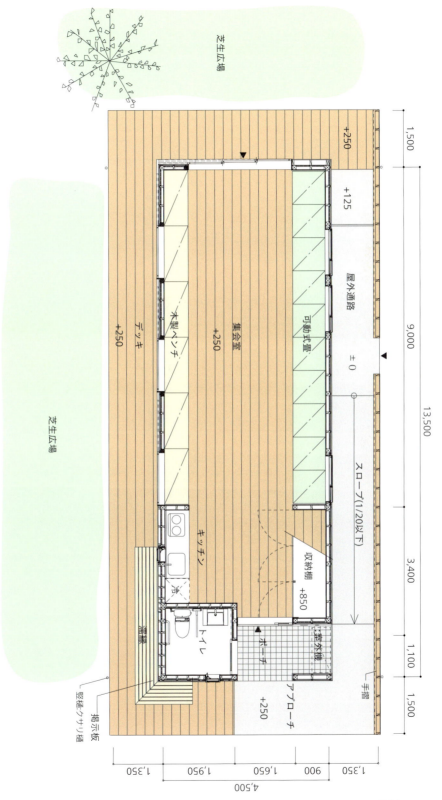

平面図　S＝1:100

097

❺ HOME-FOR-ALL IN KOMORI 4, NISHIHARA
西原村小森第4のみんなの家（集会所）

設　計　甲斐健一＋田中章友＋丹伊田量＋志垣孝行＋木村秀逸
完　成　2016年12月
所在地　熊本県阿蘇郡西原村

　私たちは不要になった本を募り、みんなが集うことのできる「本の家」がつくれないかと考えた。運営方法や本のレイアウトの検討など住民の方々と一緒に考えながらつくりあげた。設計は以下の3点を基本方針とした。❶みんなが利用できること：様々な目的や立場の人がひとつの空間を共有できる場とする。❷汎用性がある計画：今後別の場所でも活用できるデザイン・考え方であり、次なる規格型へのケーススタディとなること。構造部材は断面寸法を抑えることのできる架構を検討し、杉の流通材で構成することで災害時にも材料確保が容易な計画とした。❸再利用できる素材・工法：この場所での応急的な役割を終えたのちに別の場所で応急又は恒久的に再利用ができるよう移設が可能な計画にする。建物の屋根材・内外壁材・床材・天井材等の全てを板材・面材等による乾式の工法で構成した。以上をもとに、ワークショップで要望や意見を取り入れながら設計を行った。

「みんなの家」の日常の様子

左上／外観 東側より。東側広場に開くことで朝日をとりこむ
右上／内観 北側。住民と一緒にレイアウトした本棚が並ぶ
左／内観 東側。X字の架構により小断面の部材で大きなスパンの空間をつくっている

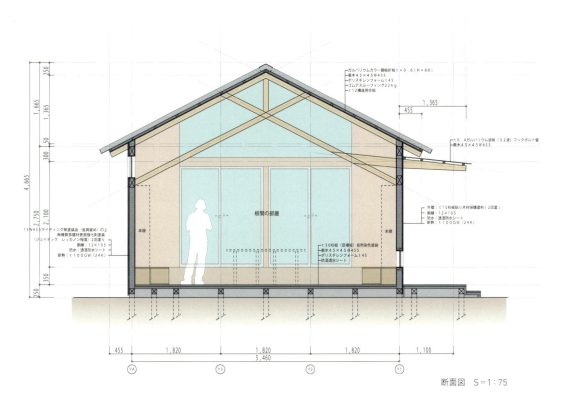

断面図　S＝1:75

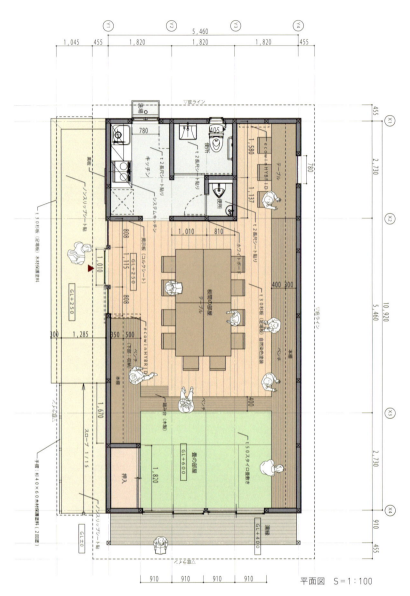

平面図　S＝1：100

所在地｜熊本県阿蘇郡西原村
設計者｜甲斐健一、田中章友、丹伊田量、
　　　　　志垣孝行、木村秀逸
施工者｜丸山住宅
完成時期｜2016年12月
主要用途｜集会所
建主｜熊本県
建築面積｜67.07㎡
延床面積｜56.62㎡
階数｜地上1階
構造｜木造

第4章　みんなの家、熊本で

❻ HOME-FOR-ALL IN KIYAMA, MASHIKI
益城町木山のみんなの家（集会所A）

設 計 内田文雄／龍環境計画＋西山英夫／西山英夫建築環境研究所
完 成 2016年12月
所在地 熊本県上益城郡益城町

　木山仮設団地（220戸）には、規格型集会所2棟、規格型談話室1棟の「みんなの家」が建てられていた。敷地は、40㎡の談話室と隣接するという特殊な条件があった。意見交換会では、40㎡では狭いので、みんなが集まって大きく使える場所がほしいという意見が大勢を占めた。震災前まで使っていた公民館の大広間のような空間が求められていた。そこで建物の両端に設備を配置し、中央部を大きなワンルーム空間とした。談話室とL型に広場を囲むように配置し、広場に面して大きな掃き出しの開口を設け、下屋空間、広場と連続したつながりをつくった。また、広場と道路の間にみんなでつくった花壇を置き、広場は子どもたちが安心して遊べる場所になっている。木架構は、すべて105mm角のスギの単一部材により構成し、ローコスト化を図っている。

規格型談話室と一体となって広場を形成している

多目的に利用できるシンプルな大空間

たくさんの人たちで賑わう完成パーティー

のびのびと活発に楽しみ、集う子どもたち

芝生の遊び場になったみんなの広場

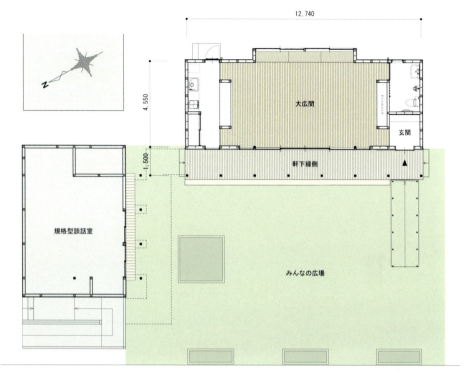

配置図・平面図　S＝1:200

立面図　S＝1:200

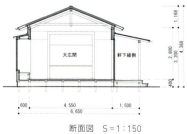

断面図　S＝1:150

所在地	熊本県上益城郡益城町
設計者	内田文雄／龍環境計画、西山英夫／西山英夫建築環境研究所
構造設計者	山田憲明構造設計事務所
施工者	圓佛産業
完成時期	2016年12月
主要用途	集会所
建主	熊本県
建築面積	77㎡
延床面積	61㎡
階数	地上1階
構造	木造

❼ HOME-FOR-ALL IN OIKESHIMADA, MASHIKI
益城町小池島田のみんなの家（集会所）

設 計	森繁／森繁・建築研究所
完 成	2016年12月
所在地	熊本県上益城郡益城町

　今回の計画にあたり、住処を失った方々のために「みんなの家」を「みんなの我が家（家庭）」と捉えることから始めた。ワークショップで出た意見をもとに、「みんなのリビング」として気兼ねなく集まれるよう、軒下に広いデッキを設け、容易なアクセスを可能にした。内部はイベントなどで使いやすい大広間としている。また、日々を過ごす「家」には安らぎを与える緑の「庭」が必要ではないかと考え、景色のよい西側に大開口を設けて数本の木を植え、日常の暮らしのなかにわずかでも潤いをもたらすことができたらと考えた。西日を遮り「みんなの家」にやさしい木漏れ日を落とすこの木々が、新緑のころには力強く芽吹き、住民の方々に活力を与えることを願っている。

KASEIの学生たちと植えた植栽

104　第4章　みんなの家、熊本で

黒い壁は調湿効果のある炭塗装を施した

くまモンも登場した完成イベント

住民とKASEIの学生による家具づくりワークショップ

「みんなの家」での交流の様子

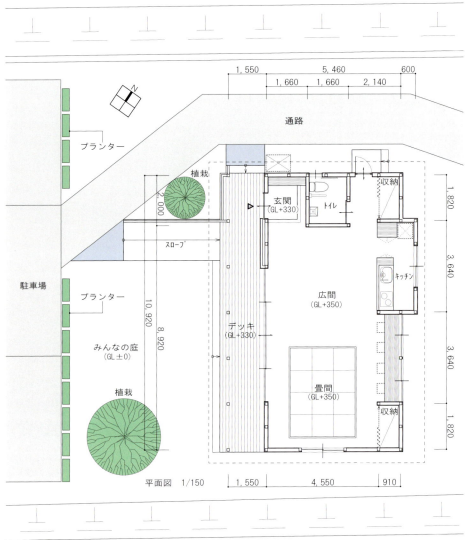

平面図　S＝1:150

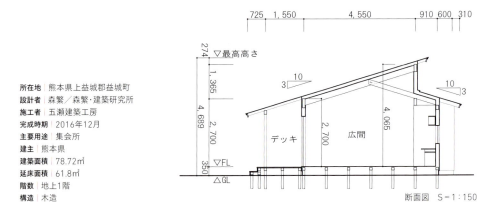

断面図　S＝1:150

所在地｜熊本県上益城郡益城町
設計者｜森繁／森繁・建築研究所
施工者｜五瀬建築工房
完成時期｜2016年12月
主要用途｜集会所
建主｜熊本県
建築面積｜78.72㎡
延床面積｜61.8㎡
階数｜地上1階
構造｜木造

⑧ HOME-FOR-ALL IN TECHNO, MASHIKI
益城町テクノのみんなの家（集会所B2）

設　計 岡野道子／岡野道子建築設計事務所
完　成 2016年12月
所在地 熊本県上益城郡益城町

　熊本県で最大規模の516戸の益城町テクノ仮設団地に完成した「本格型みんなの家」。団地中央に位置し、見守りを行う常駐スタッフの拠点としての役割も担っている。大きな桜の木があるテラスをつくって、互いに見ず知らずの住民たちが入りやすいよう、散策路とつないだ。集会スペースと地域支え合いセンターをテラスを挟んで向かい合せに配置することで、内部の活動が外へにじみ出て、交流を生み出すきっかけとなっている。仕上げや設えは住民にアンケートをとって決定していき、家具や、花壇などは現地の学生とともにデザイン、制作した。完成後も、「みんなの家」の前に、子どものための小さな芝の築山や砂場などの庭づくりをKASEIの学生と一緒に行い、住民の方々に喜ばれている。

外観。半年経って緑も植えられた

上棟式では餅まきをして住民の方々がたくさん集まった

KASEIの学生と一緒に家具をデザインして現場で組み立て

寄付いただいた桜の木の植樹

KASEIの学生と一緒につくった花壇に植えた満開の芝桜

「岩沼のみんなの家」の方々による仙台のお米のプレゼント

完成直後の内観

写真左は安東陽子氏のワークショップでつくられた座布団

所在地	熊本県上益城郡益城町
設計者	岡野道子／岡野道子建築設計事務所
構造設計者	オーク構造設計
施工者	エバーフィールド
完成時期	2016年12月
主要用途	集会所
建主	熊本県
建築面積	132㎡
延床面積	95㎡
階数	地上1階
構造	木造

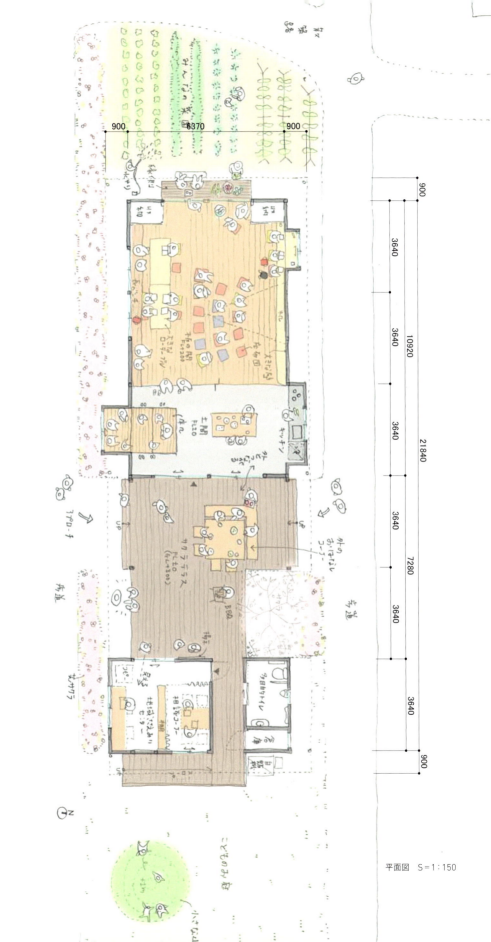

平面図　S=1:150

❾ HOME-FOR-ALL IN KUSUNOKIDAIRA, MISATO
美里町くすのき平のみんなの家

設 計 前田茂樹＋木村公翼／ジオ-グラフィック・デザイン・ラボ＋東野健太／大阪工業大学大学院前田茂樹研究室
完 成 2017年9月
所在地 熊本県下益城郡美里町

　木造仮設団地の敷地内に建つ「みんなの家」。最初に敷地に伺った際、プレハブ仮設団地にはない各住戸の縁側を利用して、住民同士がお話をされていた。「みんなの家」は、住民みんなが「自分たちの場所」と思わないと日常的に使われない。そこでDKとトイレをコンパクトにし、西南北三つの面に縁側を設けた。北面は眺望抜群の奥行き70cmの背もたれのある縁側。西面は仮設団地に面する奥行き120cmの長い縁側。東面には桜の木、南面には広場、南東面には室内とつながる空間でテーブルも置ける縁側。片流れの屋根は、縁側に冬には暖かい日差しを与え、夏には日射を遮る役目を果たす。立地が団地の最も奥であることも関係して、昼間は開放されており、縁側もダイニングキッチンも日常的に使われている。「みんなの家」建設を通じて、学生が家具の制作やデッキ材の塗装だけでなく、たこ焼きパーティなどの打ち上げを地元の大工さんや住民の方々と一緒に行ったことも、「自分たちの場所」づくりに寄与しているならば嬉しく思う。

くすのき平仮設団地全景

上棟式の餅まきの様子

ワークショップ後のたこ焼きパーティ

奥行き120cmの長い縁側

室内とつながる空間でテーブルも置ける縁側

南縁側にも学生が制作した家具が並ぶ

室内には学生が制作したソファー、テーブル、椅子が置かれた

散歩の際に誰ともなく集まる縁側　　　　© 東野健太

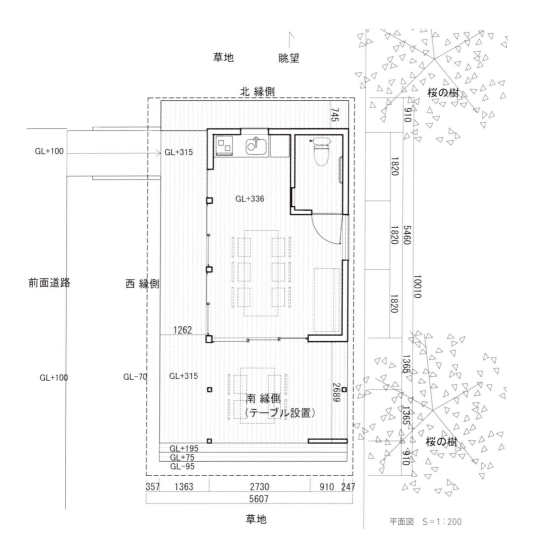

平面図　S＝1:200

室内と縁側はフラットにつながる

所在地｜熊本県下益城郡美里町
設計者｜前田茂樹＋木村公翼／ジオ-グラフィック・デザイン・ラボ、東野健太／大阪工業大学大学院前田茂樹研究室
構造設計者｜満田衛資構造計画研究所
施工者｜五瀬建築工房
完成時期｜2017年9月
主要用途｜集会所
建主｜熊本県建築住宅センター、日本財団
建築面積｜56.12㎡
延床面積｜19.87㎡
階数｜地上1階
構造｜木造

⑩ HOME-FOR-ALL IN TAMAMUSHI, MIFUNE
御船町玉虫のみんなの家

設 計 宮本佳明建築設計事務所＋大阪市立大学宮本佳明研究室＋同横山俊祐研究室
完 成 2017年8月
所在地 熊本県上益城郡御船町

　町営玉虫団地に隣接した公園内に設けられた仮設団地に建つみんなの家である。住民からの提案により、遠くに熊本市街地を望む公園の端が敷地として選ばれた。将来的には玉虫団地の人々が利用することを想定して、常設型として計画している。大きな軒下と四周をめぐる縁側を持ち、部屋に鍵がかかっていても気軽に立ち寄り、座って話ができることが最大の特徴である。最小限の室内空間を包む外壁は、深い藍色の掻き落とし左官仕上げとしている。切妻屋根という「みんなの家」に共通するデザインコードを用いながらも、勾配を強くして軒を低く抑え、それを一本足の棟持ち柱で支えることで、親しみやすい傘のような屋根を仮設団地にそっと差し掛けている。

7寸勾配の切妻屋根が一本足の棟持ち柱で支えられている

平側から見る。身舎三間に対し、庇三間の構成。鍵がかかっていてもふらっと立ち寄ることができる

気軽に腰掛けることができる縁側が四周に回る

仮設住宅に向けられた切妻屋根

軒下に設けた広縁

室内からポーチ越しに仮設住宅を望む

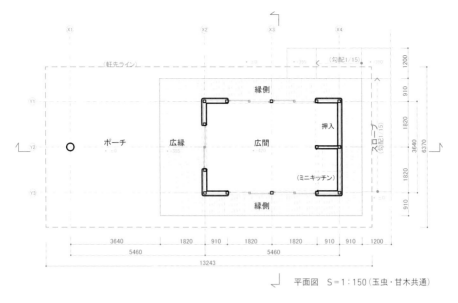

平面図　S＝1：150（玉虫・甘木共通）

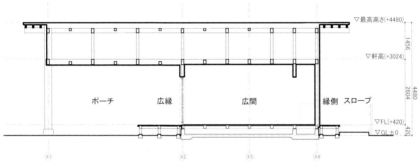

長手断面図　S＝1：150（玉虫・甘木共通）

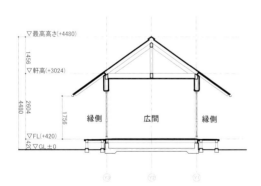

短手断面図　S＝1：150（玉虫・甘木共通）

構造ダイアグラム（玉虫・甘木共通）

所在地｜熊本県上益城郡御船町
設計者｜宮本佳明建築設計事務所、
　　　　　大阪市立大学宮本佳明研究室、
　　　　　同横山俊祐研究室
構造設計者｜満田衛資構造計画研究所
施工者｜ウエダホーム
完成時期｜2017年8月
主要用途｜集会所

建主｜熊本県建築住宅センター、
　　　　日本財団
敷地面積｜361.3㎡
建築面積｜49.09㎡
延床面積｜39.75㎡
階数｜地上1階
構造｜木造

⓫ HOME-FOR-ALL IN AMAGI, MIFUNE
御船町甘木のみんなの家

設　計　宮本佳明建築設計事務所＋大阪市立大学宮本佳明研究室＋同横山俊祐研究室
完　成　2017年8月
所在地　熊本県上益城郡御船町

　民有地に計画された常設型の仮設団地に建つみんなの家である。玉虫と同じく、大きな軒下と四周をめぐる広い縁側を持ち、鍵がかかっていても住民が気軽に立ち寄り、座って話をすることができる。外壁は、玉虫とは対照的に艶やかな朱色の土佐漆喰の磨き仕上げとしている。敷地に建っていた母屋の記憶を伝えるために、基礎石を再利用して擁壁をつくり、ポーチの幅いっぱいに古瓦を木端建てで積んで階段を設けた。階段が道路を挟んで向かい合うお寺の本堂の軸線を受け止め、ポーチを山門のように参道に差し掛けている。お寺に隣接する消防屯所とともに、「みんなの家」の傘のような屋根を中心にして、仮設団地の周辺が小さなシビックセンターを形づくっている。

仮設住宅に向かって開かれた傘の字型の妻面

お寺の参道から「みんなの家」のポーチを通して仮設住宅を見る。左手前は消防屯所の火の見櫓

お披露目のBBQパーティでポーチに集まった住民の皆さん

お披露目のBBQパーティ。夜景では傘型が浮かび上がる

こういう使われ方は思いつかなかった……

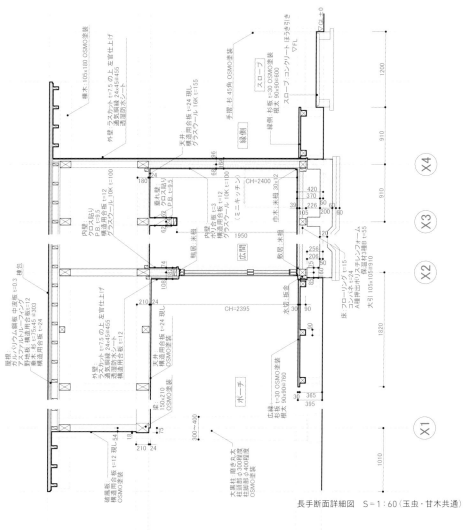

長手断面詳細図　S=1:60（玉虫・甘木共通）

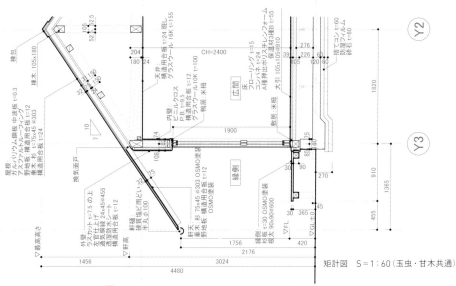

矩計図　S=1:60（玉虫・甘木共通）

所在地｜熊本県上益城郡御船町
設計者｜宮本佳明建築設計事務所、大阪市立大学宮本佳明研究室、同横山俊祐研究室
構造設計者｜満田衛資構造計画研究所
施工者｜ウエダホーム

完成時期｜2017年8月
主要用途｜集会所
建主｜熊本県建築住宅センター、日本財団
敷地面積｜228.93㎡
建築面積｜49.09㎡

延床面積｜39.75㎡
階数｜地上1階
構造｜木造

⑫ HOME-FOR-ALL IN GORYO, UKI
宇城市御領のみんなの家

設計　鷹野敦／鹿児島大学＋根本修平／福山市立大学
完成　2017年9月
所在地　熊本県宇城市

　住宅地の端に位置する御領仮設団地では、高齢者を中心に10世帯が避難生活を送っている。仮設住宅は東西に平行に2列配置され、その間が駐車場として利用されていた。そこで、駐車場の東側にみんなの家を寄せて配置し、仮設住宅とコの字で囲まれた広場が形成されるように計画した。みんなの家は、中央に大黒柱を設け、求心性のある正方形の平面構成とした。濡縁が四周を囲い、どの方向からでも建物にアクセスすることができる。立面はおおむねガラスの建具で構成し、内部の活動が周囲に漏れ伝わることを意図した。賑やかな笑い声が、仮設住宅に反響して住宅地に伝わる。光と音で人々を招く「みんなの家」になることを期待している。

2列の仮設住宅棟の間に建つ、方形屋根の「みんなの家」

正方形の平面とそれを囲む縁側

大黒柱を中心にした広間

お茶会の様子。仮設団地周辺からも住民が集まる交流の場
© 針金洋介

KASEIプロジェクトの一環として、鹿児島大学、福山市立大学、第一工業大学の学生が縁側の板張りを行った

所在地｜熊本県宇城市
設計者｜鷹野敦／鹿児島大学、根本修平／福山市立大学
構造設計者｜横須賀洋平／鹿児島大学
施工者｜黒田建築
完成時期｜2017年9月
主要用途｜集会所

建主｜熊本県建築住宅センター、日本財団
敷地面積｜324.72㎡
建築面積｜34.57㎡
延床面積｜29.81㎡
階数｜地上1階
構造｜木造

平面図　S＝1:200

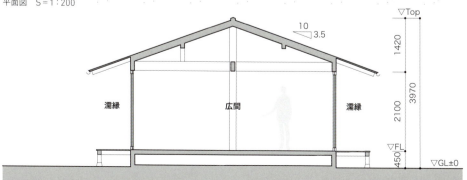

断面図　S＝1:200

⑬ HOME-FOR-ALL IN MAGANOHASEGAWA, UKI
宇城市曲野長谷川のみんなの家

設計 鷹野敦／鹿児島大学＋根本修平／福山市立大学
完成 2017年9月
所在地 熊本県宇城市

　市営住宅団地に隣接した高台に位置する曲野仮設団地では、様々な地域から集まった13世帯が避難生活を送っている。「みんなの家」は仮設団地の敷地内ではなく、両団地の間に位置する三角形の公園を敷地にし、互いのコミュニティの輪が広がり、ここで重なることが期待された。三角形の平面に正方形を配置すると、各辺に三角形が残る。それぞれを既存ポンプ小屋、広場、駐車スペースに割り当て、それらを緩やかに分節するように「みんなの家」を配置した。両団地から住民がここを目指して集うことをイメージし、中心に大黒柱を設け、求心性のある平面構成とした。南側の広場と連続的に利用できるように、奥行きが深く建物と同幅の広縁を設けた。公園のように気軽に利用される「みんなの家」になることを期待している。

仮設団地と市営団地の間に建つ、方形屋根の「みんなの家」

「宇城市御領のみんなの家」と同じく大黒柱を中心にした広間

何かをぶら下げたり掛け渡したりと、いろいろな使い方ができる木の架構

建物南側の奥行一間の広縁

広場から広縁、内部へとつながる

所在地｜熊本県宇城市
設計者｜鷹野敦／鹿児島大学、根本修平／福山市立大学
構造設計者｜横須賀洋平／鹿児島大学
施工者｜黒田建築
完成時期｜2017年9月
主要用途｜集会所

建主｜熊本県建築住宅センター、日本財団
敷地面積｜373.77㎡
建築面積｜81.68㎡
延床面積｜66.25㎡
階数｜地上1階
構造｜木造

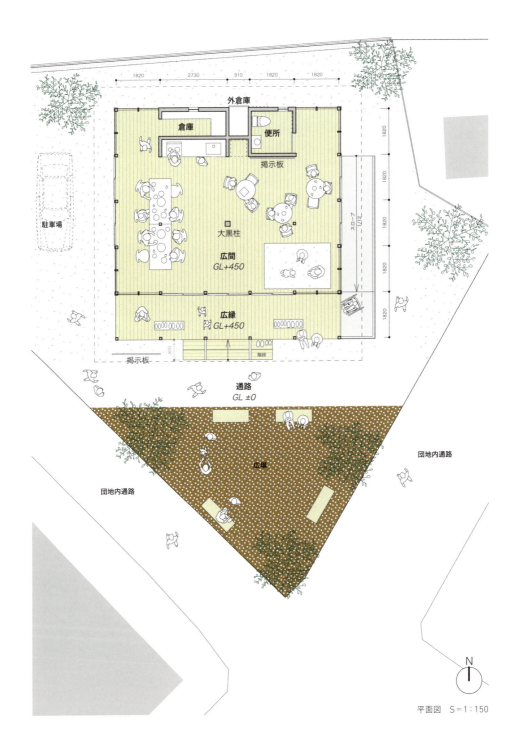

平面図　S＝1：150

熊本市さんさん2丁目のみんなの家

HOME-FOR-ALL IN SANSAN 2 CHOME, KUMAMOTO

設 計 矢作昌生／九州産業大学＋井手健一郎／リズムデザイン
完 成 2017年7月
所在地 熊本県熊本市

　さんさん2丁目仮設団地は小規模団地であったことから、「プッシュ型みんなの家」の整備が整うまでの間、住民の方々が気軽に集う場所がない状況であった。ヒアリングを行うと、来客との談話スペースや子どもたちが宿題をするスペースとして、お年寄りの憩いの場といった、活用に関する様々な意見があがり、公園の中に「共同のリビングルーム」をつくることをテーマとした。

　設置期間が、仮設住宅が撤去されるまでの約1年間であることが前提だったため、早急に完成させるよう努めた。「プッシュ型みんなの家」の第1号として完成式典を催した際には、小さなお子さんから普段外出しないお年寄りの方まで参加され、みんなに愛されることが予見される場となった。

完成記念式典では、近隣住民の方々とくまモンが一緒に記念撮影も

配置図　S=1:400

住民の方々へのヒアリングの様子

奥に見える仮設団地と手前の広場とをつなぐ位置に建つ

広場に面した縁側

完成した建物の中で、今後やりたいことなどの意見交換会を行った

所在地 | 熊本県熊本市
設計者 | 矢作昌生／九州産業大学、井手健一郎／リズムデザイン
構造設計者 | 黒岩構造設計事ム所
施工者 | エバーフィールド
完成時期 | 2017年7月
主要用途 | 集会所

建主 | 熊本県建築住宅センター、日本財団
敷地面積 | 2316.97㎡
建築面積 | 37.44㎡
延床面積 | 29.81㎡
階数 | 地上1階
構造 | 木造

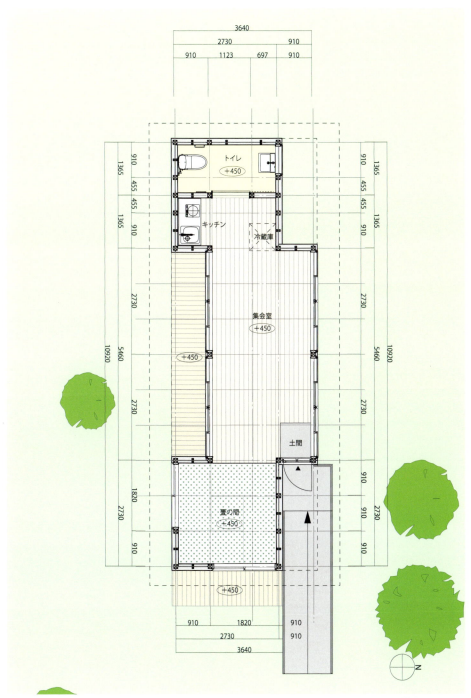

平面図　S＝1：100

⓯ HOME-FOR-ALL IN UCHINOMAKI, ASO
阿蘇市内牧のみんなの家

設計 矢作昌生／九州産業大学＋井手健一郎／リズムデザイン
完成 2017年9月
所在地 熊本県阿蘇市

　プッシュ型みんなの家として整備された「内牧のみんなの家」は、今後仮設団地が撤去されたあとも、阿蘇市が管理する建物として永続的に残ることが決まっていたため、慎重に現地調査及びヒアリングを行った。両岸に桜が植わっているお堀が団地に隣接することを敷地の特徴としていたため、建物をお堀の側に配置し、川に向かってデッキを張り出すことがメインテーマとして決まった。また、模型を元に、プランが「正方形」のほうが広く感じること、土足のまま気軽に腰掛けることができる土間があるとよいこと、畳のスペースも欲しいことなどの意見があがり、それらを総合的にまとめたプランとした。

　春のお花見など将来的にも地域の人々に有効活用されることを期待できる集会所となった。

お堀の側に建つ。張り出したデッキと大きな開口部を特徴とする

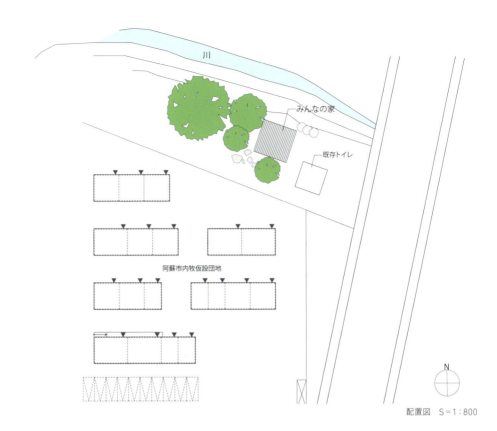

配置図　S＝1：800

住民へのヒアリングをもとにプランを決定した

お披露目の場。設計者が住民の方々に挨拶している様子

土足のまま腰掛けることができる土間

川沿いの景色を楽しむことができるウッドデッキ

所在地｜熊本県阿蘇市
設計者｜矢作昌生／九州産業大学、井手健一郎／リズムデザイン
構造設計者｜黒岩構造設計事ム所
施工者｜エバーフィールド
完成時期｜2017年9月
主要用途｜集会所
建主｜熊本県建築住宅センター、日本財団
敷地面積｜403.06㎡
建築面積｜39.6㎡
延床面積｜38.33㎡
階数｜地上1階
構造｜木造

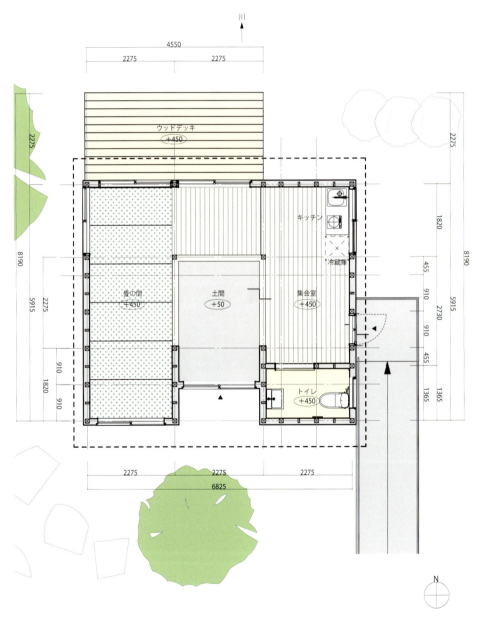

平面図　S＝1：100

建築家インタビュー❶

核家族時代の次にある、
新しい暮らしの始まりとして

曽我部昌史

みかんぐみ共同主宰　神奈川大学教授

　結果として「みんなの家」に関わったことは、その後の建築を考えるときに大きな影響をもたらしたと思っています。もちろん最初は意識していませんでしたが、仙台の宮城野区だけで終わらなかったことと、いちばん大きかったのは、「みんなの家」が地域の方の新しい暮らしに接続していくきっかけになっているということです。この先の社会が求めている建築家や建築の立場をどう開拓していくかという意味合いにおいて、非常に大きな成果が含まれていると思います。

　2011年に東日本大震災が起きて、最初に「宮城野区のみんなの家」の話がきたときは、教えている大学の研究室で、主に家具を担当しました。地域の人にも少し手伝ってもらって、テーブルとかベンチ、キッチンの中央カウンターなどをつくりました。ともかく時間はかけられない。地域の人との対話がすごくあるように見えますけど、実際には最初の設計段階では話を聴くチャンスは1回か2回です。早く欲しいわけですから。2016年の熊本のときは、仮設住宅団地と一緒に完成させる「規格型」と呼ぶ集会所の設計をわれわれは担当しました。このときは、設計段階では地域の方との対話はゼロでした。最初の地震の発生が4月14日で、5月の連休にはもう図面を完成させていました。すでに東北で「みんなの家」が何棟もできている実績もあり、われわれとしても宮城野区で経験したことを活かして、ともかくスピーディーに対応することを優先しました。

　仮設住宅や集会所の設計は、かけられる時間も短い、予算もきびしい、対話も多くはできない。いろんな意味で最低限なんですけど、同時に最大限の効果を引き出さなければならない。ひとつはある種の居心地みたいなもので、トータルなプロポーションとかサイズ。それに加えて、住み始めてから自分たちで手を加えて、カスタマイズできることが重要です。生活の状況は住み始めたころと数年後では変わっていくし、予測できないことが日々たくさんあるからです。そのためにも、材料が木であることに意味がありました。

　住民の方々との対話や交流は、むしろ暮らしが始まってから密になっていきました。それは、ほかのプロジェクトではありえないほどの濃さです。宮城野区の仮設住宅は、海に近い農家の方が中心に住んでおられて、東北特有なのか農家だからなのか、ホスピタリティあふれる方々ばかり。「宮城野区のみんなの家」が竣工したときもたいへんな宴会で、われわれはサポートするために行っているのに、なぜか励まされたり助けられたり。みなさんがふだん食べているものからして、海の幸、山の幸、本当に豊かです。われわれが、首都圏でギスギスしながら食べてるものとはレベルが違う。そういう場を通して、対話がどんどん深まっていきました。

　あるとき、「みんなの家」を使っていたおかあさんたちが、カラオケの機械を持ってき

「宮城野区のみんなの家」に設置されたミラーボール

左／徳島県美波町の「赤松防災拠点」(2017)。建築の設計だけでなく、近くで伐採されていた桜と杉の古木で家具を造った。桜の樹皮は煮出して染料をつくり、カーテンを染めた
右／そのときの家具制作の様子

たんです。それは熊本の高校生の街頭募金による寄付金を、住民の親睦を深める活動費として使わせてもらうことになり、購入したとのこと。「だったらミラーボールがいるね!」と言ったら、「ほんとにいる」って言われて。完成して2年目くらいに、ミラーボールを取り付けにうかがいました(笑)。これもまたカスタマイズですかね。

そういう交流はいまもあって、フェイドアウトしない感じがあります。「宮城野区のみんなの家」は、いままでは仮設でしたが、新しい場所に本設として移築されたので、これからもみんなで集まれる場として使われていくと思います。われわれがつくった家具も、表面に軽く鉋をかけて再利用されています。

仮設住宅で暮らしている人たちを見ていると、別の場所から来た人も同じ場所から来た人も、「みんなの家」や集会所を通して、新しいまとまりができるんです。熊本の阿蘇の水害のときも、それまでばらばらに一人で暮らしていた方々が仮設住宅に入って「みんなの家」で同じ時間をシェアしたことで、新しい家族みたいになった。山の奥のでっかい家に戻って一人で住むより、ここで知り合った仲間と余生を過ごしたい、と。行政もなかなかのはからいをみせて、仮設住宅を、基礎を固めて本設にして、位置付けを変えて永く住めるようにしたのです。いまでも、そのままそこにずっと暮らしておられます。

意識するしないに関わらず、われわれはすでに核家族の時代に限界を感じていて、この次の時代の新しい家族像というか、暮らし方の試みみたいなものが、こうした災害の現場で生まれている感じがあります。

人口の減少や高齢化など急速に変化していく状況のなかで、社会が求めている建築や暮らしのありようは、われわれが当たり前だと思うやり方とは違う場合もある。ならばそのことに目を向けるほうが、より新しい建築の実現につながるのではないか。そのことは、みかんぐみを立ち上げた初期のころから思っていました。建築家の内側から表現するのではなく、むしろクライアントの立場の人との対話から、われわれ自身が気づいてもいなかった新しい可能性の端緒が得られて、それをより深めていくことがまったく新しい建築の実現につながる。図らずも災害は、その意識をさらに浮き彫りにしたといえます。もちろん、われわれ自身のなかにある常識、そして社会のなかにある常識や習慣を乗り越えなければなりませんから、実践するのは難しいこともたくさんあります。

いま研究室で、徳島県の美波町の地域づくりをやっています。そのなかの防災拠点のひとつが完成しました。そこでは意識的に、われわれの先入観みたいなものを抑えこんで、地域の人が関心を持ったり望むことを重視するやり方でつくりました。失敗することもありますけど、それも含めて、基本的に地域の人とつくるというスタンスは変わらない。同時に外から来て設計する立場として、常識や習慣の範囲を超えて、地域の資源の活用を、広い視点で示していけたらと思っています。

曽我部昌史(そがべ・まさし)
1962年福岡県生まれ。東京工業大学大学院修了後、伊東豊雄建築設計事務所勤務、東京工業大学助手を経て、95年みかんぐみを共同設立。2001年より東京藝術大学助教授、06年より神奈川大学教授。主な作品に「八代の保育園」「京急高架下文化芸術スタジオ」「下条茅葺きの塔」「マーチエキュート神田万世橋」「美波町赤松防災拠点」など。05年より、桂英明氏、末廣香織氏とともに、くまもとアートポリスアドバイザーを務める。

建築家インタビュー❷

「みんなの家」をつくったことで、人間らしく自由になった気がします

岡野道子
岡野道子建築設計事務所主宰　芝浦工業大学建築学部特任准教授

東日本大震災が起きた当時、私は伊東豊雄建築設計事務所の所員でした。ちょうど「せんだいメディアテーク」が完成から10年経つ年で、記念イベントの直前に震災が起きました。人が気楽に集まれるそういう場所が被災地にもあったらいい、自然と人が集まってくるところに形を与えられたらという話を、伊東さんと有志のスタッフでしました。最初は仮に「ミニメディアテーク」と呼んでいた集会所を、最終的には伊東さんが「みんなの家」にしようと決めました。「家」という個人のスペースを、「みんな」で共有する。家のような居心地のよさのある公共の場所なのかなと、感じていました。

私は「岩沼のみんなの家」を担当しました。東京のIT企業が出資して、農家の方のための「みんなの家」として、農業イベントをする拠点に使いたいという目的がありました。設計期間中から、岩沼に行って田植えをしたり、地元の方とご飯を食べて、宴会をして、というのを何度もやってきました。そういうプロセスを経ていると、地元の人たちと渾然一体となってくる。私たちも設計者だけれど、自分が使うのであればどんなふうにしたらいいのかなと自然と考えるようになりました。完成は2013年。工事期間は短かったけれど、設計期間は1年近くありました。

気がつけばライフワークのようになって、通常の業務からはずれた進め方が面白かった。それは私だけでなく、「みんなの家」に関わったほかのスタッフもそうだったと思います。

いつもは、設計は事務所でやっていて、施主とは定期的に会議室などで打ち合わせをする。特に公共建築の設計はそうでした。ですから、生活をともにするまではいかないまでも、かなりの時間を一緒に過ごしながら建築をつくったことは新しい経験でした。

独立後に熊本の震災で設計したのは、「益城町テクノのみんなの家」です。このときは非常に時間が限られていて、3カ月半ほどで設計施工全部を終えました。仮設団地ができてから「みんなの家」をつくったのではなく、仮設団地とあわせて当初からつくるということだったので、まだ自治会もコミュニティもできていないところで、使う人とコミュニケーションをとるのが難しかった。ヒアリングやワークショップをする時間はなかったので、アンケート調査をしました。「みんなの家」のことも住民の方々はなんとなくご存知で、受験勉強をする部屋が仮設住宅にはないなどのリクエストを、書いてくださいました。

規模としても熊本でいちばん大きな仮設団地で、516戸が集まっていました。にも関わらず、あまりにも人の気配がない。そこで、少しでも外に出やすいように、「みんなの家」に大きな屋根のあるテラスをつくって桜の木を植えて、椅子とテーブルも置いておきました。雨の日でも何かしているのが外からも見えるし、日よけにもなる。そうするとふらっと、いろんな人が集まってくるようになりました。

もともと建築を考えるとき、人が集まる場所から考える——どうしたらここでくつろげるか、そういうことを考えるものだとずっと思っていたのですが、「みんなの家」をやってみてストンと腑に落ちた感じがあります。つくり手と使い手、設計者と施工者などの境界もなくなって、つくっていくプロセスも含めて、たくさんの人が共有できるような空間を目指していく。その土地の気候や風土を建築に取り入れながら、人が集まる場所をつくれることを実感として持つことができました。

熊本県甲佐町住まいの復興拠点施設整備設計プロポーザルで最優秀賞に選ばれたプラン。住居と「みんなの家」が、風の通り道など土地の気候を活かして配置されている

　伊東事務所に入ってすぐのころ、劇場の「座・高円寺」を担当していて、幾何学で設計を導き出していくことが楽しかった。美しい形と内部の機能や構造を、いかにうまくフィットさせるか。そこをストイックに突き詰めていくことが、建築の質を高めることになると思っていました。でも、そういう視点ばかりでは設計できない状況のとき、何を軸にして設計や構造を選んでいったらいいのか。「岩沼のみんなの家」で、構造設計事務所からは金物の力によって細い部材でトラスを組む検討書がきて、一方で地元の大工さんは、太い水平の梁がある昔からの構法でないとつくれないという。伊東事務所が設計するものとして、端正なトラスの屋根にするのか、昔ながらの和小屋にするか、どちらを選ぶか。伊東さんに相談して、やはり和小屋で組むこととなりました。現地でつくれるし、農家のためのみんなの家だから、端正なものより土着的なもののほうがいいだろうという判断です。建築としての強さが、よりその土地に存在したときに生まれる。

　そういう考え方も、「みんなの家」がなければもてなかったと思います。抽象度の高い建築を考えるという、ひとつの軸だけだったかもしれない。「みんなの家」をつくることで、人間らしくなるというか、自由になったような気がします。

　熊本県と甲佐町が主催の「甲佐町住まいの復興拠点施設整備設計」のプロポーザルコンペで選ばれて、いま熊本県の甲佐町で災害公営住宅と「みんなの家」をつくることになっています。子育て世代が住む家と、お年寄りが比較的多い災害公営住宅と両方あって、そこに最初から「みんなの家」をつくって、住む人たちが日常的に使えるようなものとしていく。そんな「みんなの家」をどうつくったらいいかというときに、環境をうまく生かして、交流の場を連続的につくっていけたらと考えました。甲佐町は阿蘇山の裾野に沿って、南風、西風が快適に吹いてきます。夏は暑いですし湿地でもあるので、風がうまく抜ける環境をつくって、自然と一体になった交流の拠点を配置していく計画にしています。お年寄りが集まる場所だけれど、子どもがワイワイ遊ぶ公園とも近い。

　「みんなの家」に集まる人は、知らない人同士でも、普通にしゃべる。それが最初はすごく不思議でした。カラオケしたり、子どもは宿題してたり。普通に声をかけるし、私も自然にそういうことができる人と人との近さがある。地方の場合は、ごく自然にそれができるのがうらやましいというか、私が住んでいる都会の町にも「みんなの家」みたいな環境があったらいいのにと思いますね。

　東京にいると、住んでいる町のことをそんなに考えないのに、岩沼であれ熊本であれ、みんなが町のこともまわりの人のことも考えている。昔の共同体みたいなことなんでしょうね。その共同体が閉じられたものでなく、人が入れ替わったりする環境のなかでも実現していけば、いままでにない、新しい共同体ができるのではないかなという気がしています。

岡野道子（おかの・みちこ）
1979年生まれ。東京大学大学院博士課程中途退学後、伊東豊雄建築設計事務所に11年間勤め、劇場や美術館、火葬場、認定こども園などを担当。2016年に岡野道子建築設計事務所を設立。主な作品に「檸檬ホテル」「益城町テクノのみんなの家」など。2017年「甲佐町住まいの復興拠点施設整備事業」公募型プロポーザルで最優秀賞受賞。芝浦工業大学建築学部特任准教授。

chapter 5

第 **5** 章

みんなの家と
くまもとアートポリス

2011年10月に竣工した宮城県仙台市宮城野区の「みんなの家」第1号は、熊本県の事業「くまもとアートポリス」の支援によって完成した。「みんなの家」の歴史はくまもとアートポリスと、その県外での活動を決断した熊本県によって拓かれたといえる。このときの経験はその後、熊本県で2012年に発生した九州北部豪雨（熊本広域大水害）および2016年の熊本地震の被災者支援にも生かされることになった。これらの不幸な経験から県民が立ち上がるために蒲島郁夫熊本県知事が掲げた大原則は、「被災者の痛みの最小化」、「創造的復興」であり、そのなかで「みんなの家」は、大切な役割を果たしてきた。では実際に、熊本県にとって「みんなの家」とはどのような存在なのか。またこの小さな建築が果たしてきた役割とはどのようなものなのか。熊本地震から間もなく2年が経とうとしているいま、これまでの経緯を振り返りながら、蒲島知事にお話をうかがった。

[Interview]
熊本から、発展するみんなの家へ

熊本県知事 **蒲島郁夫**
聞き手：桂英昭

すべては「みんなの家」が原点

——熊本県が「みんなの家」に携わったのは、東日本大震災の被災地、仙台市宮城野区の仮設住宅団地での「みんなの家」建設に対し、「くまもとアートポリス」として資材や資金の支援を行ったことに始まります。熊本県の公共事業や公共性のある民間事業を対象としてきたアートポリスが県外で活動したのは、これが初めてのことでした。しかも熊本県ではその後、2012年に発生した熊本広域大水害では阿蘇市に2棟を、2016年4月に発生した熊本地震での仮設住宅団地には84棟、さらに20戸以下の小規模仮設住宅のものも含めれば、すでに90棟以上の「みんなの家」が設置され、今後計画されているものもあります。

もはや、「みんなの家」を語るには、熊本県とアートポリスの存在が欠かせませんが、蒲島知事ご自身は、「みんなの家」について、どのように捉えていらっしゃいますか。

蒲島 宮城県仙台市に建設された「みんなの家」を支援できたことは、熊本県にとっても非常に意義のある出来事だったと考えています。

あのときは、アートポリスの伊東豊雄コミッショナーからまずは県の担当者に相談があり、その話が、すぐに私のところに上がってきました。東北の仮設住宅団地に、住民のみなさんが交流するための木造の小さな家を建てるというコンセプトにはたいへん共感できましたし、なにより、私のところに話をもってきた職員にはすでにやる気がみなぎっていました。それはとてもいい考えだからやろう、と。1、2分もかからずに即決しました。

そうして完成した「みんなの家」は、仮設住宅に暮らす方々にたいそう喜ばれるものになりました。私も現地を訪ねましたが、木造の「みんなの家」にはとても温かみが感じられて、その場を利用している方々にも明るい笑顔が戻っておられまし

桂英昭

蒲島郁夫

た。私自身がそんな光景を目の当たりにし、体験できたことも大きかったですね。木造住宅がもつ力、その心地よさを実感できたからです。私はこのとき、もしも今後、熊本で仮設住宅が必要になったときには、できるだけ木材を使い、そこに暮らす方々に少しでも安らぎを感じてもらいたいという思いを強く抱きました。

ですから、2012年7月に熊本広域大水害が発生したときには、仮設住宅は木造とし、そこには「みんなの家」も設置するという方針を決定しました。

しかしこれを実現することは容易ではありません。仮設住宅は国によって定められた基準に則って建設され、費用の限度額も定められています。すでに経験のある仕組みに沿ってプレファブの仮設住宅を建設したほうが合理的であることは間違いありません。ただ、東日本大震災での仮設住宅の様子、木造の「みんなの家」が喜ばれている状況を見ていますから、私自身も県の職員も、それではだめだ、と。なにより大切なのは建設の早さでも安さでもなく「被災された方々の痛みの最小化」であると心得て、手間を惜しまず、国との調整を行い、木造仮設住宅48戸、「みんなの家」2棟を建設することができました。

そしてこの経験が、2016年4月14日から発生した熊本地震の際にも大きく生かされています。

とはいえ、熊本地震は被害が大きく、何千という仮設住宅をつくる必要が生じました。私の頭の中には仮設住宅は木造でつくりたいという思いがあっても、被災者のために建設も急がねばならない知事という立場からは簡単に口にすることはできません。そんななか、できるかぎり木造でつくりたいという意思を職員が示してくれました。それを実現するためには、国はもちろん、県内のそれぞれの市町村とも調整をしなければなりません。資材がどれくらい調達できるのかどうかも、その時点では把握しきれていませんでした。そもそも、仮設住宅を計画する以前に、まずは人命救助、そして避難所の開設など、急を要する作業も山積しています。ですから本当は、既存の仮設住宅のシステムを踏襲して外部のプレファブ事業者にお任せしたほうが、職員も楽だったはずです。しかし、最も大切なことは「被災者の痛みの最小化」です。そのことを全員が心得て、木造の仮設住宅をつくろうと決断しました。そうして結果的には、4303戸のうち683戸を木造で建設することができたのです。

また、仮設住宅の配置や建設計画に関してはアートポリス事業として取り組むことを決定し、4月27日には伊東コミッショナーにも県庁に来ていただいて、その場でプランを描いてもらいました。住宅はなるべく分節し、その間に通路をつくる。住戸の面積や住棟間隔も広くとることをご提案いただき、それ

をすぐに、具体的な計画として落とし込んでいきました。さらに、従来型の仮設住宅は、使用されなくなれば容易に撤収できるよう、基礎のない住宅として建設されていましたが、木造の仮設住宅に関しては、余震が頻発していることなどもあり、コンクリート基礎を用いました。また当然、仮設住宅団地の中には必ず「みんなの家」をつくっていく。これは本来、集会所や談話室としてつくられる施設ですが、熊本ではこれらをすべて「みんなの家」と位置づけて木造でつくる。これも国の同意を得て実現しました。

　要するに、振り返って考えてみれば、2011年に仙台市宮城野区に建設された「みんなの家」、これを支援したことが、すべての原点となっています。

木造仮設住宅+「みんなの家」を九州スタンダードに

――宮城野区の「みんなの家」から、このたびの熊本地震の仮設住宅建設に至るまで、「みんなの家」が発展的につながってきた経緯がよくわかりました。そして現在、復興に向けて災害公営住宅の建設にもアートポリスが参加し、継続的な取り組みが行われています。いわば、官民が足並みを揃える形で、一丸となって復興に向かっていることに、一熊本県民としても心強さを感じます。

蒲島　木造の仮設住宅は、今後、災害公営住宅として転用していくことも考えられます。2戸を隔てている壁を取り除いて広くすれば、大家族でも暮らすことが十分に可能でしょう。

　このように、次の住まいとして転用することが可能になれば、仮設住宅の低コスト化にもつながります。従来型のプレファブの仮設住宅は別に撤去費用がかかりますが、木造の仮設住宅は撤去の必要がない分、総合的に見るとほぼ同価格で建設することができたわけです。しかも、使い続けることができれば廃棄物の問題もクリアできます。経済的かつ環境負荷も少ないというメリットがあるわけです。経済的な観点からもっといえば、県産木材を使い、県内の工務店などの事業者が建設作業を担うことにより、経済を活性化することもできるわけです。災害発生直後は経済活動がどうしてもストップしてしまいますが、そのなかの一部ではあっても、仕事の再建につなげることができます。このことは被災地にとって非常に大きなメリットとなります。

　ですから熊本県では、今回の経験を踏まえて、仮設住宅用の木材をスムーズに供給できる体制も整えつつあります。県庁の担当課では、100戸程度の木造仮設住宅を建設する資材なら、いつでもすぐに調達できると見込んでいます。これらの資材は

県内で使用しなくても、他県への支援としても使用することができます。

——今年、福岡県および大分県が見舞われた「平成29年7月九州北部豪雨」の際には、木造の仮設住宅をつくるノウハウを福岡県に伝えたと聞きました。

蒲島 仮設住宅の配置プランから設計図、さらに国との協議の記録まで、すべて包み隠さず福岡県に伝えました。
　また今年（2017年）10月には九州地方知事会議を熊本で開催し、熊本地震の経験を九州各県の知事同士で共有するとともに、木造の仮設住宅を視察していただきました。こうした経緯から、今後は少なくとも九州では、災害時の仮設住宅は木造でつくることが当たり前になっていくはずです。そしてこの有用性が広く認識されていれば、九州のみならず全国に、熊本発の木造仮設住宅と「みんなの家」という一つのシステムが広がっていくことを期待しています。私は「県民総幸福量の最大化」を目指していますが、それが、全国民の幸福に結びつくことになると確信しています。
　ただし、ここで留まることはまだできません。よい考えはどんどん進化していくものです。
　今回の熊本地震では非常に大きな被害を被り、たくさんの仮設住宅が必要になりました。このため、各市町村が建設のための用地を手当てできないという課題にぶつかりました。さらに、転用可能な木造仮設をつくったといっても、それは、全体の中ではごく一部です。その他の仮設住宅は今後、廃棄物になるでしょう。そして最も大きな課題となるのが、仮設住宅に暮らすみなさんの、本格的な住まいへの移行です。これをどうするのか。このように段階的に考えてみると、そもそも仮設住宅のあり方から問い直してみる必要があることがわかります。
　そこでいま、私が考えているのは、仮設住宅を被災した個々の住宅の敷地内、あるいは農地など、被災者本人の私有地の一角に建設すればいいのではないか、ということです。そうすれば、仮設住宅に暮らしながらにして、時間をかけて自宅の再建を考えていくことができます。自宅が再建された暁には仮設住宅は離れや子ども部屋として、好きに活用することもできるでしょう。これなら、土地の手当ても必要ありませんし、撤去費用も発生しません。すると先ほども申し上げたとおり、プレファブの仮設住宅とほぼ同じコストで建設できるのです。
　もちろん、東日本大震災や熊本地震のような大規模災害が今後、何度も発生する可能性は低いかもしれません。しかし災害の状況によっては、大いに可能性のある手法だと考えています。

じつは今回、一部でこれに近い仮設住宅がありました。個人の住宅近くに6戸の仮設住宅を建設したのです。私も訪ねてみましたが、そこに暮らしている方々はみなさん昔からのご近所同士で、ずっとコミュニティを維持したまま、時間をかけて再建を考えることができるとおっしゃって、非常に心強さを感じておられるようでした。

くまもとアートポリスの役割

――「くまもとアートポリス」は、建築や都市計画を通じて県の文化向上を図ることを目的に1988年に誕生し、今年、2017年で30年目となりました。この間には、初代コミッショナーとして磯崎新氏、2代目コミッショナーの高橋靗一氏、そして2004年からは3代目として伊東豊雄氏がコミッショナーを務めるという形で、それぞれ社会や時代の変化に応じた、熊本県の公共事業のあり方を提案してきましたが、途中、事業の継続自体が困難な時期もありました。それが今回、熊本地震の際には知事からの委任を受け、仮設住宅や「みんなの家」、そして災害復興公営住宅の計画に参加し、地域とのより密接な関係を築くことができました。このことは、アートポリスという事業にとっても、新たな可能性を拓くことにつながったと思います。

蒲島 全国で唯一無二の事業としてアートポリスを継続してきたことは、熊本県としての誇りでもあります。そして今回の熊本地震に対する貢献の大きさはいうまでもないこの事業を、ではなぜ歴代の知事が続けてきたのか。それはこの事業の根底に、私が考える「県民総幸福量の最大化」という考え方と同様の理念が流れているからに違いありません。そうでなければ、いくら伊東コミッショナーが仮設住宅のプランをつくっても、県の職員以下、一丸となってそれを実現することはなかったはずです。このことは、長年のアートポリス事業を通じて、伊東コミッショナーやアドバイザーの先生方、専門家の方々と県の職員がお互いに意見をぶつけ合い、共感し合いながら育んできた大きな成果といえるでしょう。

また、私自身も、いわゆる行政的な考え方はしません。いちばんの目的は「県民総幸福量の最大化」であって、指導や管理、規制、あるいは画一性や平等性というものはあくまでその手段です。そして、このような考え方は現在、県の職員とも共有できるようになっています。だからこそ、最初の「みんなの家」の話も、伊東コミッショナーの話をキャッチした職員がすぐに私のところにもってきてくれた。おかげで非常に早く動きだすことができたのです。

私はよく「皿を割ることを恐れるな」というのですが、その

意味は、皿をたくさん洗う人は皿を割ってもいい、しかし、皿を割ることを恐れて皿を洗わないことが最も愚かだということです。今回の、「みんなの家」からスタートした一連の流れでは、県の職員はみんな皿を割ることを恐れず、チャレンジしているわけです。なにしろ、仮設住宅は木造がいいと思ったら、私が何か口出しをする前に、職員はすでに走りだしていたわけですから。

——仙台市宮城野区に「みんなの家」をつくることになったとき、私たちアートポリスの人間も県の職員の方々も一緒に従来型の仮設住宅や集会所の様子を見て、体験することができたことは、今回のエネルギーになっていると思います。知事のおっしゃる「被災者の痛みの最小化」を、我々自身が意識できていました。

蒲島　私自身にとっても、宮城野区で「みんなの家」の完成を喜んでおられる方々にお会いできたことは大きな経験でした。以来、住まいとは何かという本質的な問いを改めて考える機会になりました。

　そうして、熊本では恒久的な住まいの再建が本格化しています。現在、災害公営住宅の建設が進んでいますが、それと合わせて、自宅再建を支援していく段階に入っています。そこで、県では地震発生から1年半となる10月に、新たな住まいの再建支援制度をスタートしました。住宅ローンを組んで新築・購入・補修をした場合の「リバースモーゲージ型融資に対する利子助成」と「自宅再建利子助成」、民間の賃貸住宅に入居される場合の「民間賃貸住宅入居支援助成」、再建先に引っ越す場合の「転居費用助成」という四つの支援制度です。

　なかでも特徴的な試みは「利子助成」でしょう。一つは、自宅を再建したくてもなかなかローンを組むことができないお年寄りに対して、リバースモーゲージという形で、土地や建物を担保として資金融資を受けていただき、これに県が助成することで月々1万5000円程度の返済で、生涯そこに住み続けられるというタイプ。もう一つは、子育てなどにお金のかかる若い世代の世帯に対し、35年ローンを組んで住宅を再建する場合にも、県が助成することで月々2万円程度の返済に抑えられるというタイプです。県ではこのための予算として、独自に107億円を用意しました。

　このように、国でも試みたことのない支援体制を構築できることが、いまの熊本県の強みです。こうした方法を思いつくことは誰にでもできるかもしれませんが、実践することがなにより難しいのです。そしてこのことも、振り返って考えてみれば、アートポリスが県外で「みんなの家」を支援してきたこと、

そして木造の仮設住宅を実現したことなど、既存の仕組みにとらわれず、よい考えを発展させていこうという、チャレンジ精神と結びついていると思うのです。

　熊本で動きだしたこの流れは、もう、止められないでしょう。私たちはすでに走りだしているのですから。これも伊東コミッショナーをはじめ、アドバイザーやアートポリスを支えてくださっている先生方のおかげです。今後も、私たちはみなさんのご協力をいただきながら、「県民総幸福量の最大化」を目指して走り続けていくつもりです。

——くまもとアートポリスとしても、これからも尽力していきたいと思います。本日はどうもありがとうございました。

かばしま・いくお
1947年生まれ。熊本県知事。東京大学名誉教授。熊本県立鹿本高等学校卒業後、稲田村の農業協同組合（現・JAかもと）に勤務。その後渡米し農業研修に従事。1974年にネブラスカ大学農学部を卒業。政治学専攻に転じ、1979年にハーバード大学大学院を修了し政治経済学の博士号を取得する。筑波大学社会工学系教授、東京大学法学部教授を歴任。2008年4月より現職。

——

かつら・ひであき
1952年生まれ。熊本大学工学部准教授。くまもとアートポリスアドバイザー。熊本大学大学院工学研究科建築学修士修了後、フロリダ大学大学院に留学。熊本大学講師などを経て現職。九州大学工学部非常勤講師。主な作品に「木魂館」（1988）、「湯前まんが美術館・公民館」（1992）、「荒瀬ダムボートハウス」（1994）、「特別養護老人ホーム〈桜の里〉」（2003）など。

建築データ

東北

❶
宮城野区のみんなの家
所在地：宮城県仙台市宮城野区福田町南
設計者：伊東豊雄、桂英昭、末廣香織、曽我部昌史
構造設計者：桝田洋子／桃李舎
その他設計、計画者：花と緑の力で3.11プロジェクトみやぎ委員会（外構）、曽我部昌史（家具）、丸山美紀／マチデザイン（家具）、イノウエインダストリィズ（家具）、安東陽子（座布団デザイン）
施工者：熊谷組、熊田建業
完成時期：2011年10月
主要用途：集会所
建主：くまもとアートポリス東北支援「みんなの家」建設推進委員会
敷地面積：（公園全体）16,094.55㎡
建築面積：58.33㎡
延床面積：38.88㎡
階数：地上1階
構造：木造
協賛：熊本県球磨郡湯前町、熊本県球磨郡水上村、熊本県いuseを県販売振興協会、熊田建業、セントラル硝子本社、セントラル硝子東北、LIXIL、元旦ビューティ工業、東日本パワーファスニング、ツネマツガス、ヤマギワ、Mike Campbell、Geoff Spiteri
協力：丸山美紀、イノウエインダストリィズ、安東陽子、花と緑の力で3.11プロジェクトみやぎ委員会、小野田泰明、福屋粧子、仙台市宮城野区役所まちづくり推進課、北本敏美、藤島大、熊本県公募ボランティアのみなさま、熊本大学桂英昭研究室、九州大学末廣香織研究室、神奈川大学曽我部昌史研究室、東北大学小野田泰明研究室、東北工業大学福屋粧子研究室及び同大工学部学生有志団体colors、みやぎ委員会委員長、福田町南一丁目仮設住宅自治会のみなさま、東北大学関係者のみなさま、東北工業大学関係者のみなさま、仙台演劇工房10-box、協働組合仙台卸商センター、せんだいメディアテーク

■新浜のみんなの家（移築）
所在地：宮城県仙台市宮城野区岡田字浜通
移築設計者：伊東豊雄建築設計事務所、中城建設
構造設計者：中城建設
設備設計者：中城建設
施工者：中城建設
完成時期：2017年4月
主要用途：集会所
建主：仙台市
敷地面積：201.56㎡
建築面積：50.22㎡
延床面積：38.8㎡
階数：地上1階
構造：木造

❷
平田のみんなの家
所在地：岩手県釜石市
設計者：山本理顕設計工場
構造設計者：佐藤淳構造設計事務所
設備設計者：環境エンジニアリング

施工者：ウエルズ
完成時期：2012年5月
主要用途：集会所
建主：釜石市
建築面積：64㎡
延床面積：42㎡
階数：地上1階
構造：鉄骨造
協力：ウエルズ、深孝土木、クワザワ工業、丸晴、鈴木電機、太陽工業、イシケン、岡村製作所、安東陽子デザイン、廣村デザイン事務所、ナグモデザイン事務所、髙島屋スペースクリエイツ、国土交通省都市局市街地整備課、佐藤淳構造設計事務所、東京大学佐藤淳研究室、横浜国立大学、明治大学、早稲田大学の学生ボランティアのみなさま、平田の住民のみなさま、釜石市
資金協力：FLUGHAFEN ZURICH AG、La Samaritaine、LIXIL、Hans-Juergen Commerell、Rolex SA、アサヒ、安藤建設、ウエルズ、エステーエス、エーディーワールド、岡村製作所、釜石ガス、関東学院高校H会、協同アルミ、三晃エンジニアリング、新和硝子、セントラル硝子、創真、大光電機、太陽工業、東京ウエルズ、TOTO、日本サッシュ、日本パーカライジング、ハートフル・ジャパン、広島平和祈念卒業設計賞、ユニテック

❸
釜石商店街のみんなの家 かだって
所在地：岩手県釜石市
設計者：伊東豊雄建築設計事務所、伊東建築塾
構造設計者：佐々木睦朗構造計画研究所
その他設計、計画者：イノウエインダストリィズ（家具）、矢内原充志（カーテンデザイン・制作）
施工者：熊谷組、堀間組
完成時期：2012年6月
主要用途：集会所
建主：帰心の会
運営：＠リアスNPOサポートセンター
敷地面積：167.52㎡
建築面積：73.27㎡
延床面積：67.55㎡
階数：地上1階
構造：鉄骨造＋木造
協賛：LIXIL、元旦ビューティ工業、大光電機、ヤマギワ、エーディーワールド、立川ブラインド工業、タキヤ
協力：小野田泰明、遠藤新、岩間正行、岩間妙子、伊東建築塾、神戸芸術工科大学関係者のみなさま、釜石市のみなさま
資金協力：THE ROLEX INSTITUTE、La Samaritaine/Groupe LVMH Moët Hennessy Louis Vuitton、FLUGHAFEN ZURICH AG、大光電機、セントラル硝子、ハートフル・ジャパン、Hans-JuergenCommerell

❹
宮戸島のみんなの家
所在地：宮城県東松島市
設計者：妹島和世＋西沢立衛／SANAA
構造設計者：佐々木睦朗構造計画研究所
施工者：櫻井工務店、菊川工業（屋根）、こあ（鉄骨）
完成時期：2012年10月
主要用途：集会所
建主：東松島市

敷地面積（小学校全体面積）：14,289.99㎡
建築面積：118.55㎡
延床面積：118.55㎡（屋内：27.35㎡、屋外テラス：91.20㎡）
階数：地上1階
構造：鉄骨造＋一部木造
協賛：エーディーワールド、大光電機、三菱電機、LIXIL、東京飛火野ロータリークラブ、インターオフィス
協力：林順孝、櫻井工務店、菊川工業、こあ、シーゲイト、はやの意匠、宮戸コミュニティ推進協議会、宮戸市民センター、東松島市立宮戸小学校
資金協力：THE ROLEX INSTITUTE、La Samaritaine/Groupe LVMH Moët Hennessy Louis Vuitton、FLUGHAFEN ZURICH AG、大光電機、セントラル硝子、ハートフル・ジャパン、Hans-JuergenCommerell

❺
陸前高田のみんなの家
所在地：岩手県陸前高田市
設計者：伊東豊雄建築設計事務所、乾久美子建築設計事務所、藤本壮介建築設計事務所、平田晃久建築設計事務所
構造設計者：佐藤淳構造設計事務所
施工：シェルター、千葉設備工業（衛生）、菅原電工（電気）
完成時期：2012年11月
主要用途：事務所（応急仮設建築物）
敷地面積：901.71㎡
建築面積：30.18㎡
延床面積：29.96㎡
階数：地上2階
構造：木造（KES構法）
協賛：荒川技研工業、安東陽子デザイン、岩岡、キャピタルペイント、ケイ・エス・シー、三陸木材高次加工協同組合、シェルター、大光電機、田島ルーフィング、チヨダウーテ、東工、日進総業、日進産業、日本エンバイロケミカルズ、日本暖炉薪ストーブマイスターグループ［ぜいたく屋、小畠］、日本ペイント販売、ハーフェレジャパン、マグ・イゾベール、LIXIL
協力：中村正司、菅野勝郎、畠山直哉、畠山容平、菅野修吾、菊池満夫、吉田光昭、菅原みき子、陸前高田市のみなさま、中田英寿、陸前高田市役所農林課、銚子林業、宮城大学中田千彦研究室、シェルター、国際交流基金、東北大学、千葉武晴
資金協力：アーキテクツ・スタジオ・ジャパン、石橋財団、大光電機、田島ルーフィング、東工大建築S39年卒有志のみなさま、Fashion Girls for Japan、Zoom Japon（＋募金いただいたフランスのみなさま）、JAPONAIDE、Corinne Quentin、芝崎佳代、相馬英子、富永伸平、陳飛翔、新沼桂子、オノデラマナブ、フジサキフキコ、N.Y.

❻
東松島 こどものみんなの家
所在地：宮城県東松島市
設計者：伊東豊雄建築設計事務所、大西麻貴/ o+h
構造設計者：オーク構造設計
その他設計、計画者：イノウエインダストリィズ（家具）、安東陽子デザイン（カーテンデザイン）、コイズミ照明（照明計画）
施工者：シェルター
完成時期：2013年1月
主要用途：集会所（応急仮設建築物）
建主：Tポイント・ジャパン
敷地面積：836.1㎡
建築面積：31.04㎡
延床面積：31.04㎡
階数：地上1階
構造：木造＋一部アルミ造

協賛：YKK AP、チャネルオリジナル、TOTO、田島ルーフィング、田島応用化工、朝日ウッドテック、日進産業、イケダコーポレーション、マグ・イゾベール、ウエスト、日本暖炉薪スト－ブマイスターグループ、オーシカ、グリーンハウザー、相原木材、須藤製作所、コイズミ照明、シェルター、佐浦（家具・カーテン寄贈）
協力：當眞嗣人、石黒萌子、菱沼健太、稲葉裕史、古澤周、宍戸優太、廣瀬晴香、諸星佑香、朴真珠、浜辺隆博、犬塚恵介、熊谷知紘、木村仁大、眞木徹、山口徹、小川祐史、荒林拓、安達真也、松井錬、佐藤公紀、笹原英恵、鈴木和幸、原田晴央、佐藤淳一、齋藤章憲、設楽浩次、河野泰樹、福井英理、Tポイント・ジャパン、大西麻貴、榮家志保、伊東豊雄建築設計事務所、グリーンタウンやもと応急仮設住宅住民のみなさま、高橋工業、滋賀県立大学陶器浩一研究室、四倉製瓦工業所、グリーンタウンやもと応急仮設住宅内ひまわり集会所、グリーンタウンやもと応急仮設住宅ひまわり集会所自治会、おがるスターズ、東松島市のみなさま、東松島市復興協議会、矢本西サポートセンター
資金協力：Tポイント・ジャパンのTポイントを通じてご寄附いただいたみなさま

❼
岩沼のみんなの家
所在地：宮城県岩沼市
設計者：伊東豊雄建築設計事務所
構造設計者：佐々木睦朗構造計画研究所
設備設計者：エービル
その他設計・計画者：石川幹子（ランドスケープ・デザイン）、安東陽子（カーテンデザイン・制作）
施工者：今興興産、熊谷組（施工監修）
完成時期：2013年7月
主要用途：事務所兼集会所
建主：インフォコム
敷地面積：406.47㎡
建築面積：93.6㎡
延床面積：73.44㎡
階数：地上1階
構造：木造
協賛：LIXIL、越井木材工業、チャネルオリジナル、大光電機、セントラル硝子、元旦ビューティ工業、Bb Wood Japan、田島応用化工、フジワラ化学、シンコー、タニタハウジングウェア、グローバル・リンク、三井化学産資、城東テクノ、YAMAGIWA、国代耐火工業所、サイレントグリス、富国物産、渋谷商事、住友林業緑化、ホンマ製作所、ユビレジ、池商、大泉淳子、岩佐和子
協力：渋谷木材店、渡建、松建産業、青陽建築設計工房、ブルーベリーフィールズ紀伊國屋、ウォーテックヤオヤ、やさい工房八巻、丸富工業、村松建築設計事務所、茨城県建築士会、古積造園土木、大宮一弘、岩沼サポーターズ関係者のみなさま、ロシナンテス、東北大学関係者のみなさま、東京大学関係者のみなさま、岩沼市金曜絆の会
資金協力：菅谷家のみなさま、ニュースト、アーキテクツ・スタジオ・ジャパン、宮城学院同窓会、RISTEX（社会技術研究開発センター）
特別協力：TAKE ACTION FOUNDATION
企画：インフォコム
企画協力：エイトビー、エスピーアール、レコテック、和快

❽
牡鹿半島十八成浜のみんなの家
所在地：宮城県石巻市
設計者：スタジオ・ムンバイ、京都造形芸術大学城戸崎和佐ゼミ
施工者：京都造形芸術大学城戸崎和佐ゼミ、ウエダ広芸、シェルター

完成時期：2013年7月
主要用途：休憩所
建主（管理）：石巻市十八成浜行政区
延床面積：Pavilion Tower：10.17㎡
　　　　　Pavilion Swing：7.54㎡
　　　　　Pavilion Long：5.31㎡
構造：木造
協力：東京国立近代美術館

❾　釜石　漁師のみんなの家
所在地：岩手県釜石市
設計者：伊東豊雄建築設計事務所、アトリエ・天工人、Ma設計事務所
構造設計者：佐藤淳構造設計事務所
施工者：熊谷組、ホームビルダー（木工事）、堀間組（仮設工事・基礎工事）イズミ空調（衛生）、坂本電気（電気）
完成時期：2013年10月
主要用途：集会所
建主：帰心の会
運営：釜石漁連、新浜町仮設水産組合、東北開墾
敷地面積：78.33㎡
建築面積：39.84㎡
延床面積：32.56㎡
階数：地上1階
構造：木造
協賛：竹村工業、和以美、ポラテック東北、田島ルーフィング、セントラル硝子、渋谷製作所、LIXIL、中西製作所、大光電機、釜石地方森林組合、釜石職業訓練協会、佐々忠建設、石村工業、Sa / Hi、釜石ガス、小林石材工業、日新製鋼、カナメ、釜石砂利建設、堀商店、ロックストーン、三井化学産資、NHK、東京美工
協力：田沢工務店、中部建設企業組合、渡辺建具／家具営業所、渋谷製作所、Sa / Hi、新井建築板金、スーパー・ファクトリー、釜石市のみなさま、東北開墾、遠野まごころネット、愛知工業大学大学院関係者のみなさま、愛知淑徳大学関係者のみなさま、伊東建築塾、鹿児島大学関係者のみなさま、北九州市立大学関係者のみなさま、九州大学関係者のみなさま、西南学院大学関係者のみなさま、筑波研究学園専門学校関係者のみなさま、東北大学関係者のみなさま、福岡大学関係者のみなさま、前橋工科大学関係者のみなさま、宮城大学関係者のみなさま、横浜国立大学関係者のみなさま、早稲田大学関係者のみなさま
資金協力：ジャパン・ソサエティー東日本大震災復興基金／The Japan Society Tohoku Earthquake Relief Fund

❿　気仙沼大谷のみんなの家
所在地：宮城県気仙沼市
設計者：Yang Zhao、Ruofan Chen、Zhou Wu、妹島和世（アドバイザー）、渡瀬正記（ローカルアーキテクト）
構造設計者：浜田英明
施工者：鉄建建設、髙橋工業
完成時期：2013年10月
主要用途：休憩所、作業場
建主：帰心の会
敷地面積：419.21㎡
建築面積：93.45m²
延床面積：93.45㎡
階数：地上1階
構造：鉄筋コンクリート造＋一部鉄骨造
協賛：LIXIL
協力：鉄建建設東北支店、はやの意匠、インターオフィス
資金協力：THE ROLEX INSTITUTE

⓫　釜石　みんなの広場
所在地：岩手県釜石市
設計者：伊東豊雄建築設計事務所
構造設計者：佐藤淳構造設計事務所
設備設計者：エービル
施工者：熊谷組
完成時期：2014年4月
主要用途：クラブハウス
建主：釜石市、Nike（資金提供）、アーキテクチャー・フォー・ヒューマニティ（企画運営）
敷地面積：11,155.63㎡
建築面積：121.99㎡
延床面積：207.75㎡
階数：地上2階
構造：鉄骨造
協賛：ウッドワン、エスケー化研、岡村製作所、角弘、三晃金属工業、スパンクリートコーポレーション、大光電機、日新工業、LIXIL
協力：鵜住居スポーツ少年団、鵜住居復興まちづくり協議会、釜石市、釜石市立鵜住居小学校、釜石市立釜石東中学校、同校野球部保護者のみなさま、日本公園緑地協会、日向ライナーズスポーツ少年団

⓬　宮戸島月浜のみんなの家
所在地：宮城県東松島市
建築設計者：妹島和世＋西沢立衛／SANAA
構造設計者：佐々木睦朗構造計画研究所
施工者：シェルター、小澤建材（屋根）、こあ（鉄骨）
完成時期：2014年7月
主要用途：漁業用の作業場、休憩所
建主：月浜海苔組合、月浜鮑組合
敷地面積：232㎡
建築面積：72㎡
延床面積：72㎡
階数：地上1階
主体構造：鉄骨造
協賛：シェルター、小澤建材、こあ、三協アルミ、大光電機、新和硝子、シーゲイト、LIXIL、アトリエセツナ、ヨコタ商会
協力：シェルター、小澤建材、こあ、新和硝子、荻原廣高、山内良裕、小野源次郎、小野舛治、小野重美、民宿山根、月浜区のみなさま、月浜鮑組合、東松島市農林水産課
資金協力：大光電機

⓭　相馬　こどものみんなの家
所在地：福島県相馬市
設計者：伊東豊雄建築設計事務所、クライン ダイサム アーキテクツ
施工者：シェルター
構造設計者：Arup
設備設計者：Arup
施工：シェルター、浜島電工（空調）、大場設備（設備）、旭電設工業（電気）
完成時期：2015年2月
主要用途：休憩所
建主：Tポイント・ジャパン
敷地面積：19,807.78㎡
建築面積：176.63㎡
延床面積：152.87㎡
階数：地上1階
構造：木造
協賛：アキレス、旭・デュポン フラッシュスパン プロダク

ツ、カクダイ、兼松日産農林、川島織物セルコン、シーケー、スクリムテックジャパン、スリーエム ジャパン、セメダイン、ダイキン工業、大光電機、田島ルーフィング、デコラテックジャパン、万協、東日本パワーファスニング、日立アプライアンス、望造、北三、マグ・イゾベール、ファースト・デザイン・システム、エイチエイチスタイル、LynnBELYS illumination、ニップコーポレーション、オスモ＆エーデル、POKÉMON with YOU募金、TOTO、トーソー、ユニオン、YKK AP

協力：シェルター、草野建設、石垣塗装店、横尾内装、小野菊蔵建具店、イシガキ興業、相馬市役所

⓮
南相馬 みんなの遊び場
所在地：福島県南相馬市
設計者：伊東豊雄建築設計事務所、柳澤潤／コンテンポラリーズ
構造設計者：鈴木啓／A.S.Associates
設備設計者：柿沼整三／ZO設計室
施工者：シェルター、浜島電工（空調）、大場設備（設備）、旭電設工業（電気）
完成時期：2016年5月
主要用途：児童厚生施設（子どもの遊び場）
建主：Tポイント・ジャパン
敷地面積：697.82㎡
建築面積：171.37㎡
延床面積：153.34㎡
階数：地上1階
構造：木造
協賛：アキレス、エーアンドエーマテリアル、オスモ＆エーデル、桐井製作所、大光電機、チャネルオリジナル、日立アプライアンス、北三、望造、マグ・イゾベール、丸鹿セラミックス、ユニテック、LIXIL、LIXILトータルサービス、リリカラ、ポケモン
協力：南相馬市役所男女共同こども課、安東陽子、東京工業大学柳澤潤研究室、シェルター、後藤建設工業、石垣塗装店、横尾内装、享和、ワタナベ金属工業、竹原屋本店、ピコイ、クレアルテ

⓯
矢吹町のみんなの家
所在地：福島県西白河郡矢吹町
設計者：長尾亜子、腰原幹雄、矢吹町商工会（太田美男、国島賢）
構造設計者：腰原幹雄、kplus
施工者：平成工業、白岩左官工業、よしなり塗装店、根本設備工業、伊藤電設工業、太田工業（矢吹町商工会会員によるJV）
完成時期：2015年7月
主要用途：休憩所＋庭
建主：矢吹町商工会
敷地面積：366.74㎡
建築面積：31.9㎡
延床面積：31.9㎡
階数：地上1階
構造：木造
協力：日本たばこ産業、中村美穂、橋本秀也、野上恵子、鴨志田航

⓰
七ヶ浜みんなの家　きずなハウス
所在地：宮城県宮城郡七ヶ浜町
設計者：近藤哲雄建築設計事務所
構造計画者：金田充弘、櫻井克哉
環境設備計画者：清野 新

外構設計者：グリーン・ワイズ
施工者：シェルター
完成時期：2017年7月
主要用途：子どものための遊び場
敷地面積：1232.15㎡
建築面積：89.67㎡
延床面積：87.99㎡
階数：地上1階
構造：木造
資金協力：THE ROLEX INSTITUTE
寄附協力：ファミリーマート
協賛：AGC硝子建材、TOTO、大光電機、オスモ＆エーデル、テツヤ・ジャパン、サンゲツ、トーソー、SHIBAURA HOUSE
共同企画：七ヶ浜町
企画運営：レスキューストックヤード

熊本

☆
阿蘇のみんなの家　高田地区
所在地：熊本県阿蘇市
設計者：伊東豊雄、桂英昭、末廣香織、曽我部昌史
施工者：新産住拓
完成時期：2012年11月
主要用途：集会所
建主：阿蘇市
建築面積：49.91㎡
延床面積：42.97㎡
階数：地上1階
構造：木造
協力：熊本県森林組合連合会、熊本県優良住宅協会、熊本県建築住宅センター、熊本県建築士会、国際ソロプチミスト熊本－すみれ、熊本県い業生産販売振興協会

☆
阿蘇のみんなの家　池尻・東池尻地区
所在地：熊本県阿蘇市
設計者：伊東豊雄、桂英昭、末廣香織、曽我部昌史
施工者：シアーズホーム
完成時期：2012年11月
主要用途：集会所
建主：阿蘇市
建築面積：48.44㎡
延床面積：37.26㎡
階数：地上1階
構造：木造
協力：熊本県森林組合連合会、熊本県優良住宅協会、熊本県建築住宅センター、熊本県建築士会、国際ソロプチミスト熊本－すみれ、熊本県い業生産販売振興協会

○
熊本のみんなの家　規格型集会所タイプ
所在地：熊本県内に28棟
設計者：伊東豊雄、桂英昭、末廣香織、曽我部昌史
施工者：熊本県下の工務店各社
完成時期：2016年6月〜2017年2月
主要用途：集会所
建主：熊本県
建築面積：62.02㎡
延床面積：59.62㎡
階数：地上1階
構造：木造

○
熊本のみんなの家　規格型談話室タイプ
所在地：熊本県内に48棟
設計者：伊東豊雄、桂英昭、末廣香織、曽我部昌史
施工者：熊本県下の工務店各社
完成時期：2016年6月〜12月
主要用途：集会所
建主：熊本県
建築面積：49.02㎡
延床面積：42.97㎡
階数：地上1階
構造：木造

①
甲佐町白旗のみんなの家（集会所）
所在地：熊本県上益城郡甲佐町
設計者：渡瀬正記+永吉歩／設計室
構造設計者：横山太郎＋工藤智之／ロウファットストラクチュア

施工者：千里殖産
完成時期：2016年10月
主要用途：集会所
建主：熊本県
建築面積：80.58㎡
延床面積：75.84㎡
階数：地上1階
構造：木造
協力：KASEIプロジェクト、稲葉裕／フォーライツ

②
南阿蘇村陽ノ丘のみんなの家（集会所）
所在地：熊本県阿蘇郡南阿蘇村
設計者：古森弘一+白濱有紀／古森弘一建築設計事務所
構造設計者：高嶋謙一郎／Atelier742
施工者：エバーフィールド
完成時期：2016年12月
主要用途：集会所
建主：熊本県
建築面積：67㎡
延床面積：34㎡
階数：地上1階
構造：木造
協賛：ピーエス工業
協力：KASEIプロジェクト、TOTO

③
西原村小森第2のみんなの家（集会所）
所在地：熊本県阿蘇郡西原村
設計者：大谷一翔、柿内毅、堺武治、坂本達哉、佐藤健治、長野聖二、原田展幸、深水智章、藤本美由紀、山下陽子／kulos
構造設計者：黒岩裕樹構造設計事ム所
施工者：かずやハウジング
完成時期：2016年12月
主要用途：集会所
建主：熊本県
建築面積：79.14㎡
延床面積：54.65㎡
階数：地上1階
構造：木造
協賛：遠藤照明、旭電業、出田実業、オスモ&エーデル、TOTO九州販売、タニタハウジングウェア
協力：木村設備設計事務所、KASEIプロジェクト

④
西原村小森第3のみんなの家（集会所）
所在地：熊本県阿蘇郡西原村
設計者：山室昌敬、松本義勝、梅原誠哉、佐竹剛、河野志保、本幸世
構造設計者：谷口規子
設備設計者：山田大介
施工者：グリーン住宅
完成時期：2016年12月
主要用途：集会所
建主：熊本県
建築面積：77.03㎡
延床面積：56.92㎡
階数：地上1階
構造：木造
協賛：東芝ライテック、古荘本店、空研工業
協力：KASEIプロジェクト

⑤
西原村小森第4のみんなの家（集会所）
所在地：熊本県阿蘇郡西原村
設計者：甲斐健一、田中章友、丹伊田暈、志垣孝行、木村秀逸
構造設計者：甲斐健一
設備設計者：木村秀逸
施工者：丸山住宅
完成時期：2016年12月
主要用途：集会所
建主：熊本県
建築面積：67.07㎡
延床面積：59.62㎡
階数：地上1階
構造：木造
協力：昭和女子大学杉浦久子研究室、熊本県立熊本工業高等学校インテリア科

⑥
益城町木山のみんなの家（集会所A）
所在地：熊本県上益城郡益城町
設計者：内田文雄／龍環境計画、西山英夫／西山英夫建築環境研究所
構造設計者：山田憲明構造設計事務所
施工者：圓佛産業
完成時期：2016年12月
主要用途：集会所
建主：熊本県
建築面積：77㎡
延床面積：61㎡
階数：地上1階
構造：木造
協力：KASEIプロジェクト

⑦
益城町小池島田のみんなの家（集会所）
所在地：熊本県上益城郡益城町
設計者：森繁／森繁・建築研究所
施工者：五瀬建築工房
完成時期：2016年12月
主要用途：集会所
建主：熊本県
建築面積：78.72㎡
延床面積：61.8㎡
階数：地上1階
構造：木造
協賛：森繁
協力：KASEIプロジェクト

⑧
益城町テクノのみんなの家（集会所B2）
所在地：熊本県上益城郡益城町
設計者：岡野道子／岡野道子建築設計事務所
構造設計者：オーク構造設計
施工者：エバーフィールド
完成時期：2016年12月
主要用途：集会所
建主：熊本県
建築面積：132㎡
延床面積：95㎡
階数：地上1階
構造：木造
協賛：熊本県球磨郡多良木町、北海道空知郡南幌町、南幌町建設業協会、LIXIL、大光電機、太陽工業、元旦ビューティ工業、タニタハウジングウェア、田島ルーフィング、

カールツァイス
資金協力：大光電機
協力：KASEIプロジェクト、安東陽子デザイン、GAヤマザキ

⑨
美里町くすのき平のみんなの家
所在地：熊本県下益城郡美里町
設計者：前田茂樹＋木村公翼／ジオ-グラフィック・デザイン・ラボ、東野健太／大阪工業大学大学院前田茂樹研究室
構造設計者：満田衛資構造計画研究所
施工者：五瀬建築工房
完成時期：2017年9月
主要用途：集会所
建主：熊本県建築住宅センター、日本財団
建築面積：56.12㎡
延床面積：19.87㎡
階数：地上1階
構造：木造
協力：KASEIプロジェクト

⑩
御船町玉虫のみんなの家
所在地：熊本県上益城郡御船町
設計者：宮本佳明建築設計事務所、大阪市立大学宮本佳明研究室、同横山俊祐研究室
構造設計者：満田衛資構造計画研究所
施工者：ウエダホーム
完成時期：2017年8月
主要用途：集会所
建主：熊本県建築住宅センター、日本財団
敷地面積：361.3㎡
建築面積：49.09㎡
延床面積：39.75㎡
階数：地上1階
構造：木造
協力：KASEIプロジェクト、都倉達弥／左官都倉

⑪
御船町甘木のみんなの家
所在地：熊本県上益城郡御船町
設計者：宮本佳明建築設計事務所、大阪市立大学宮本佳明研究室、同横山俊祐研究室
構造設計者：満田衛資構造計画研究所
施工者：ウエダホーム
完成時期：2017年8月
主要用途：集会所
建主：熊本県建築住宅センター、日本財団
敷地面積：228.93㎡
建築面積：49.09㎡
延床面積：39.75㎡
階数：地上1階
構造：木造
協力：KASEIプロジェクト、都倉達弥／左官都倉

⑫
宇城市御領のみんなの家
所在地：熊本県宇城市
設計者：鷹野敦／鹿児島大学、根本修平／福山市立大学
構造設計者：横須賀洋平／鹿児島大学
施工者：黒田建築
完成時期：2017年9月
主要用途：集会所
建主：熊本県建築住宅センター、日本財団
敷地面積：324.72㎡
建築面積：34.57㎡

延床面積：29.81㎡
階数：地上1階
構造：木造
協力：KASEIプロジェクト

⑬
宇城市曲野長谷川のみんなの家
所在地：熊本県宇城市
設計者：鷹野敦／鹿児島大学、根本修平／福山市立大学
構造設計者：横須賀洋平／鹿児島大学
施工者：黒田建築
完成時期：2017年9月
主要用途：集会所
建主：熊本県建築住宅センター、日本財団
敷地面積：373.77㎡
建築面積：81.68㎡
延床面積：66.25㎡
階数：地上1階
構造：木造
協力：KASEIプロジェクト

⑭
熊本市さんさん2丁目のみんなの家
所在地：熊本県熊本市
設計者：矢作昌生／九州産業大学、井手健一郎／リズムデ
ザイン
構造設計者：黒岩構造設計事ム所
施工者：エバーフィールド
完成時期：2017年7月
主要用途：集会所
建主：熊本県建築住宅センター、日本財団
敷地面積：2316.97㎡
建築面積：37.44㎡
延床面積：29.81㎡
階数：地上1階
構造：木造
協力：KASEIプロジェクト

⑮
阿蘇市内牧のみんなの家
所在地：熊本県阿蘇市
設計者：矢作昌生／九州産業大学、井手健一郎／リズムデ
ザイン
構造設計者：黒岩構造設計事ム所
施工者：エバーフィールド
完成時期：2017年9月
主要用途：集会所
建主：熊本県建築住宅センター、日本財団
敷地面積：403.06㎡
建築面積：39.6㎡
延床面積：38.33㎡
階数：地上1階
構造：木造
協力：KASEIプロジェクト

みんなの家、その先へ
HOME-FOR-ALL and Beyond

2018年1月20日 第1刷発行
2019年5月31日 第2刷発行

編 伊東豊雄

発行者 佐竹葉子
発行所 LIXIL出版
104-0031 東京都中央区京橋3-6-18
Tel: 03-5250-6571 Fax: 03-5250-6549
www.livingculture.lixil/publish

デザイン 松田行正＋杉本聖士
取材・文 斎藤夕子 (pp. 005-023, 137-144)
佐野由佳 (pp. 074-077, 132-135)
撮影 坂本政十賜 (pp. 005-023)
企画協力 今井章博
印刷製本 三永印刷株式会社

ISBN 978-4-86480-033-4　C0052
© HOME-FOR-ALL 2018　Printed in Japan

乱丁・落丁本は小社までお送りください。
送料小社負担にてお取替えいたします。